HINTERLAND

EXIL INTÉRIEUR

Alexis Gicart

c
f
éditions
c

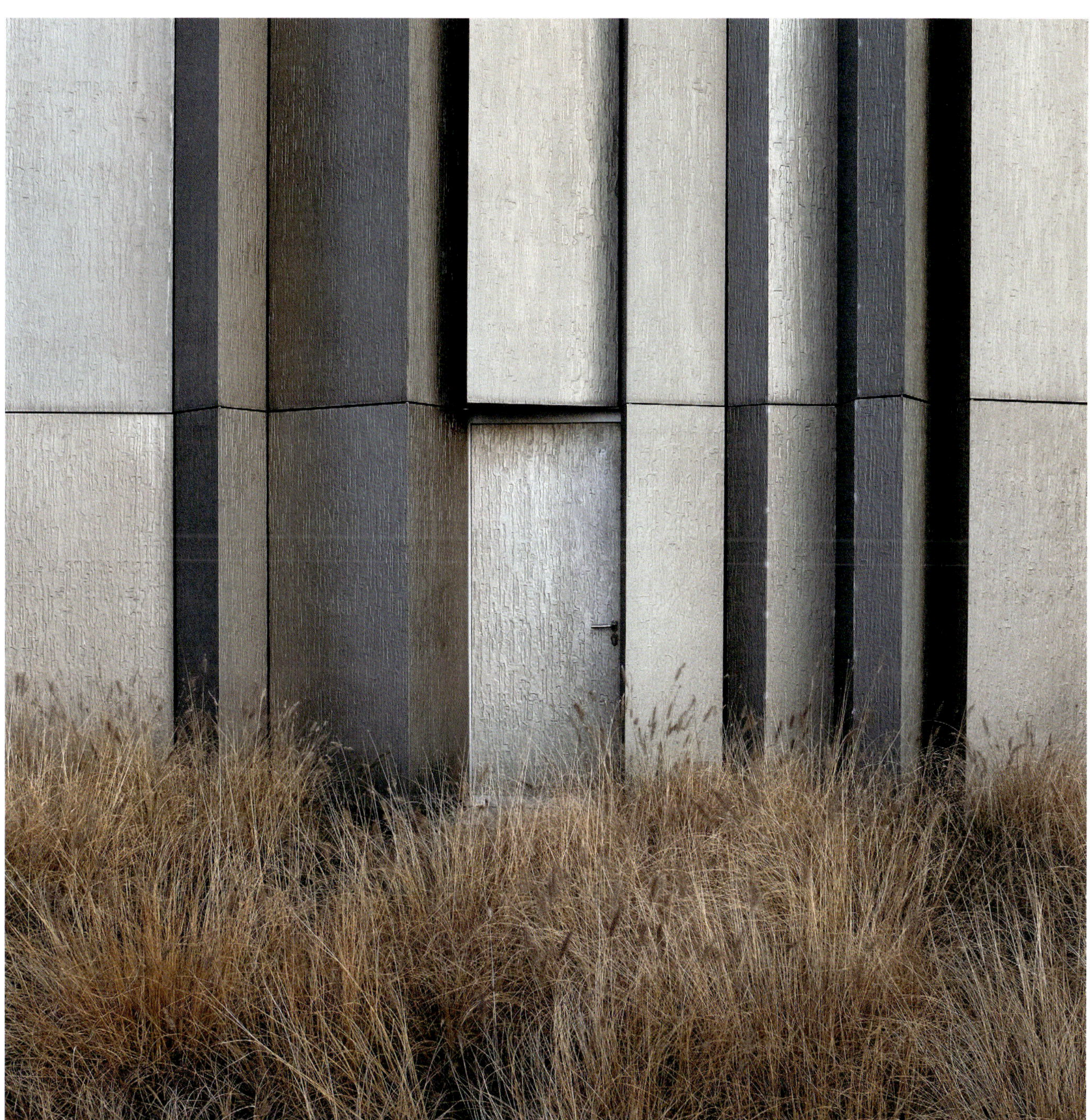

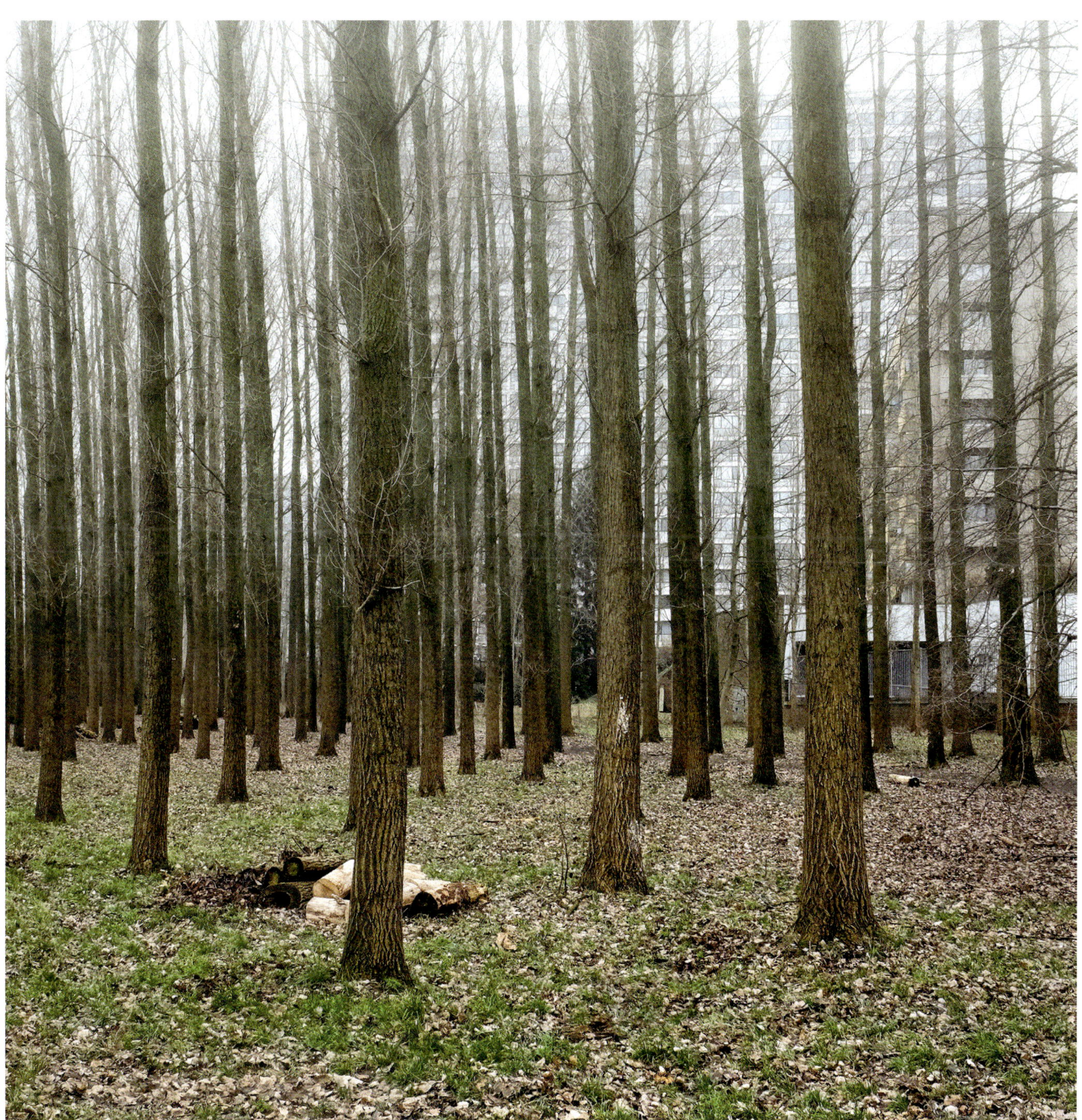

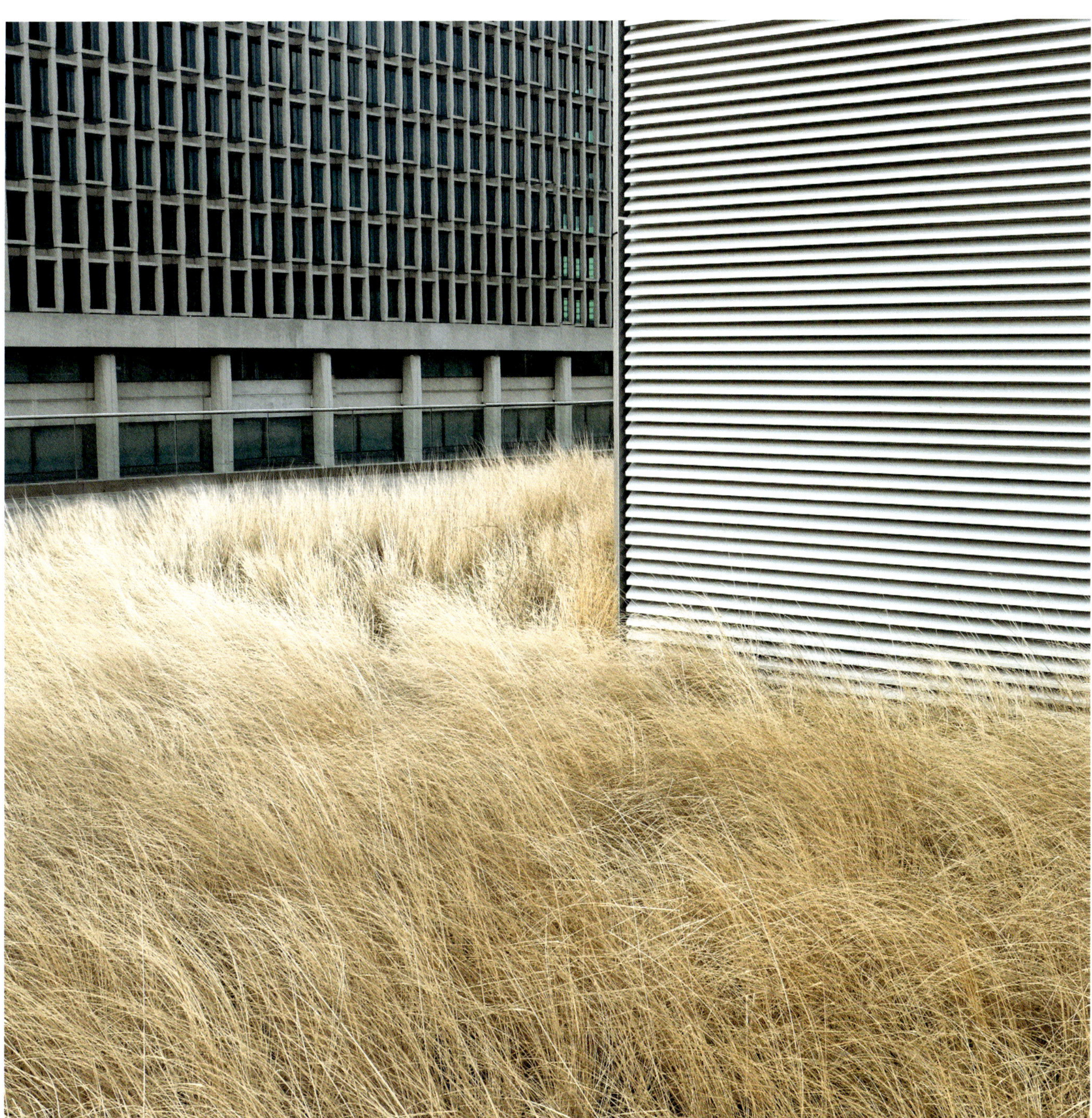

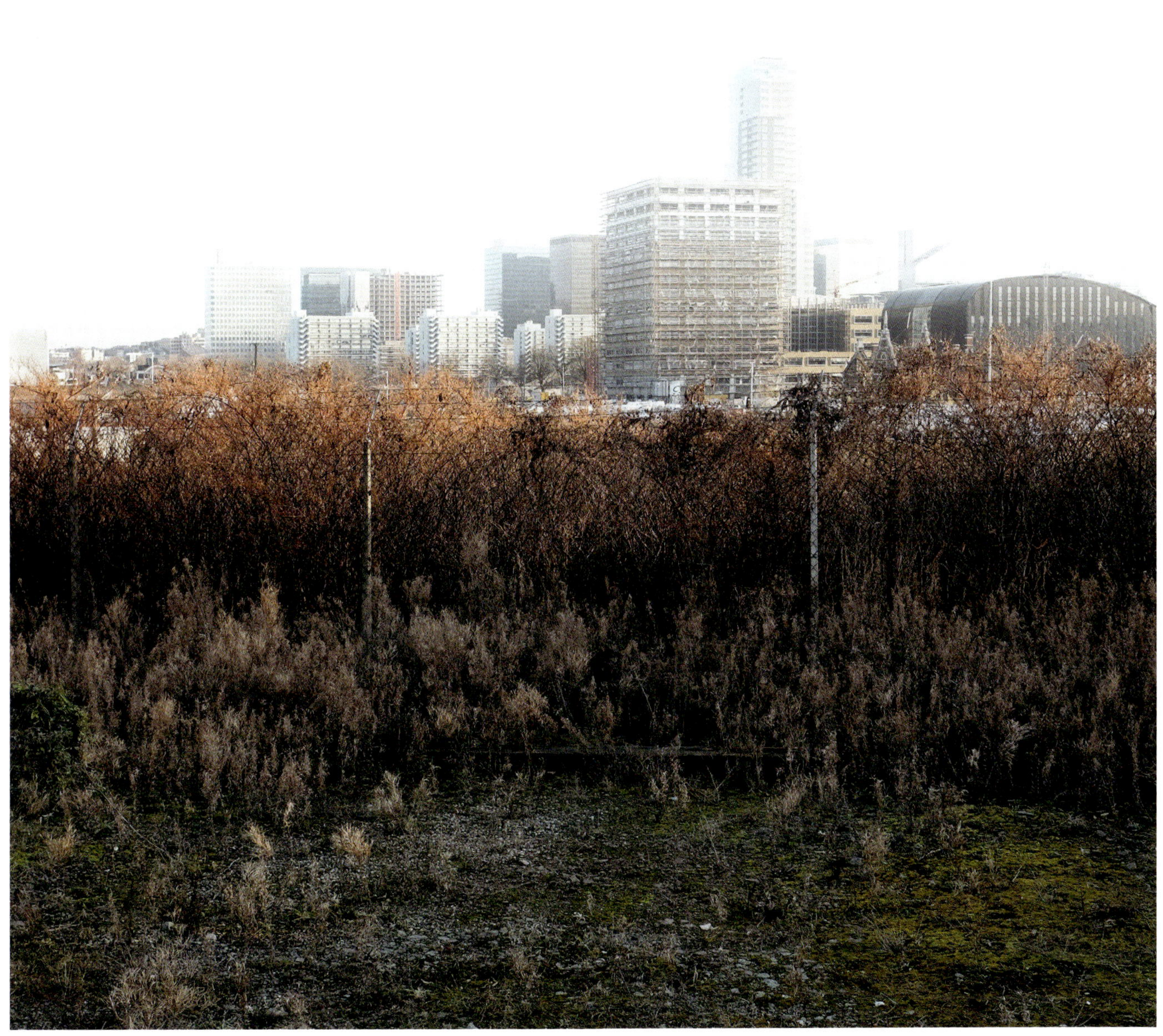

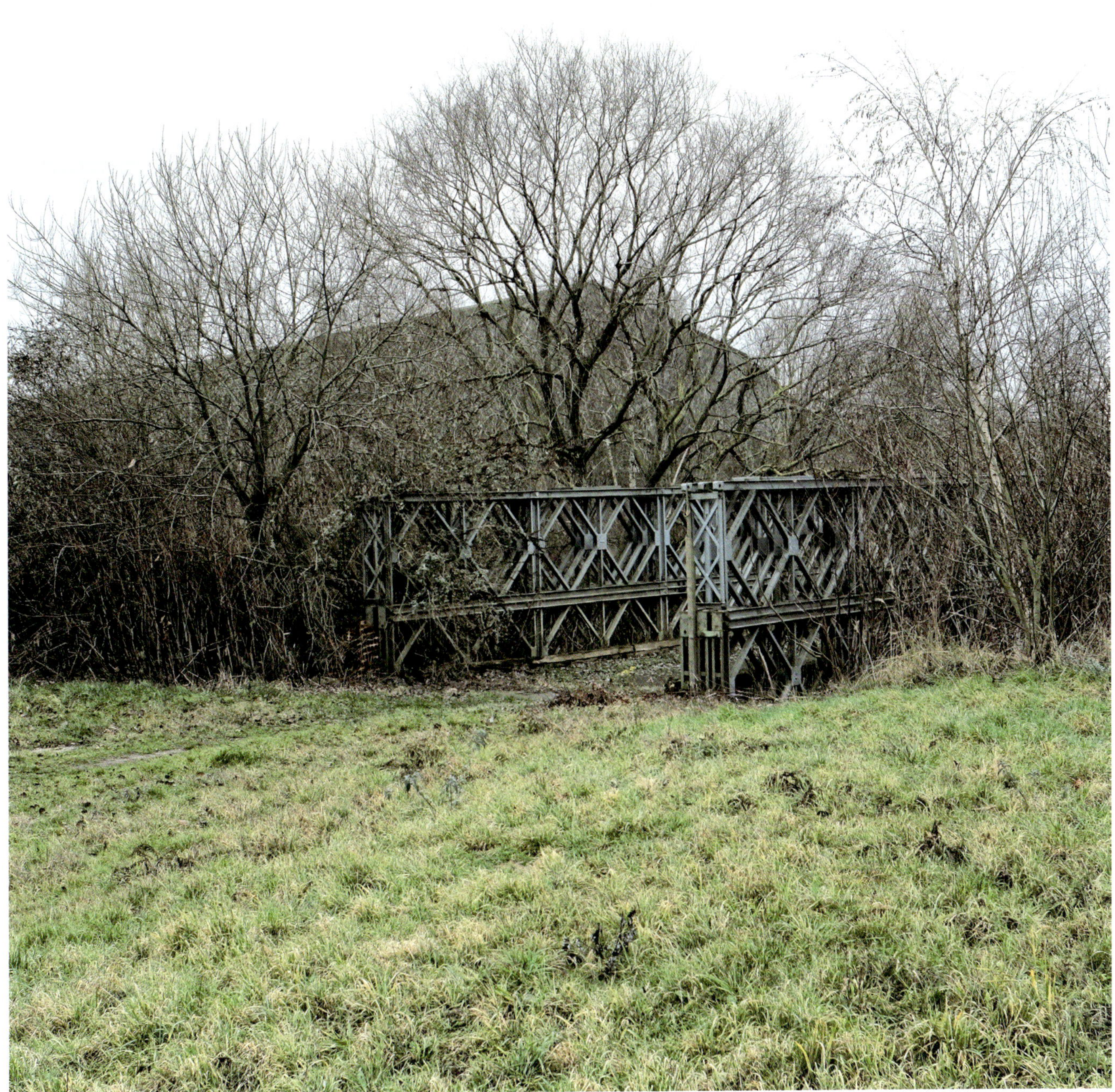

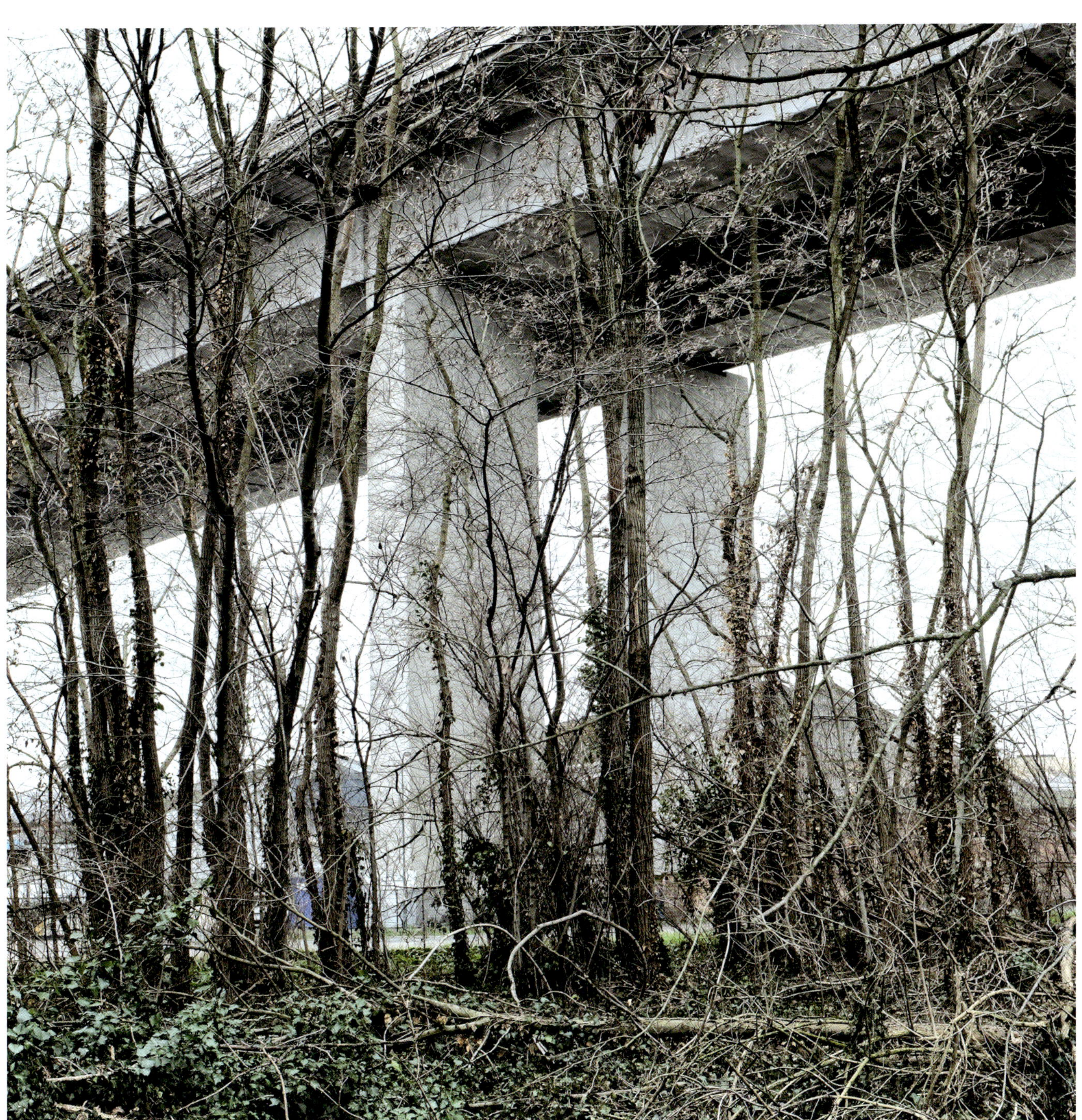

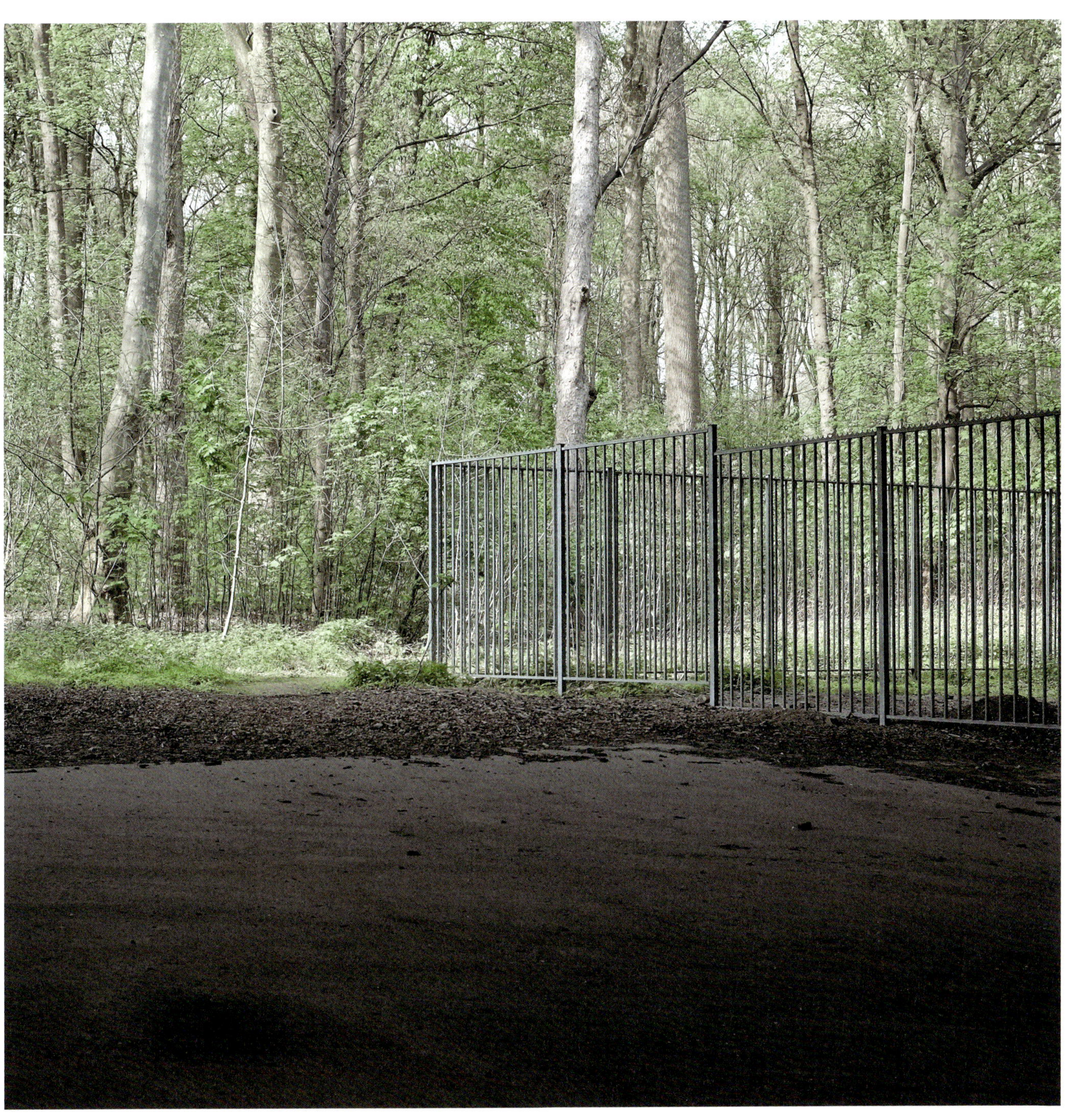

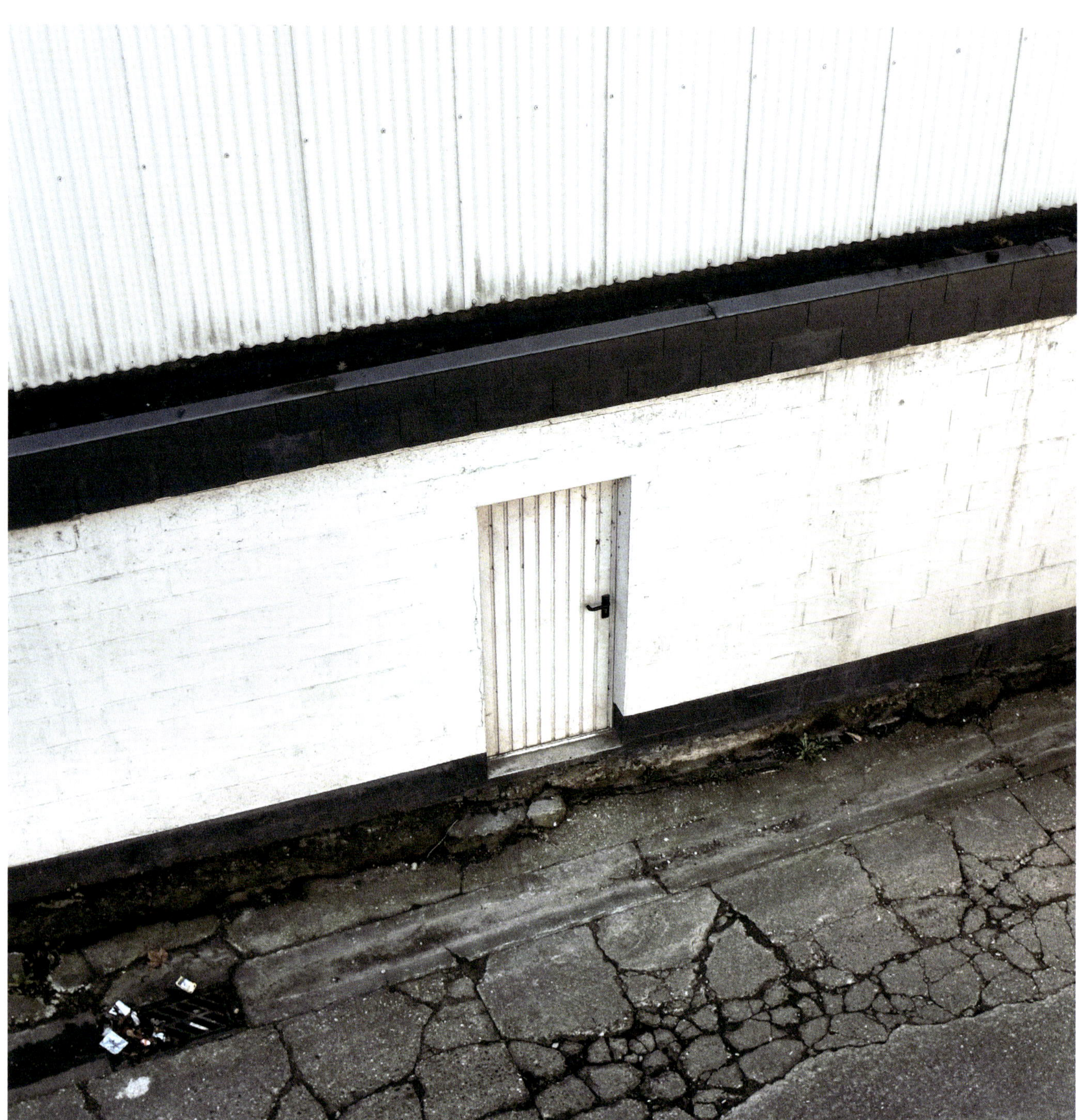

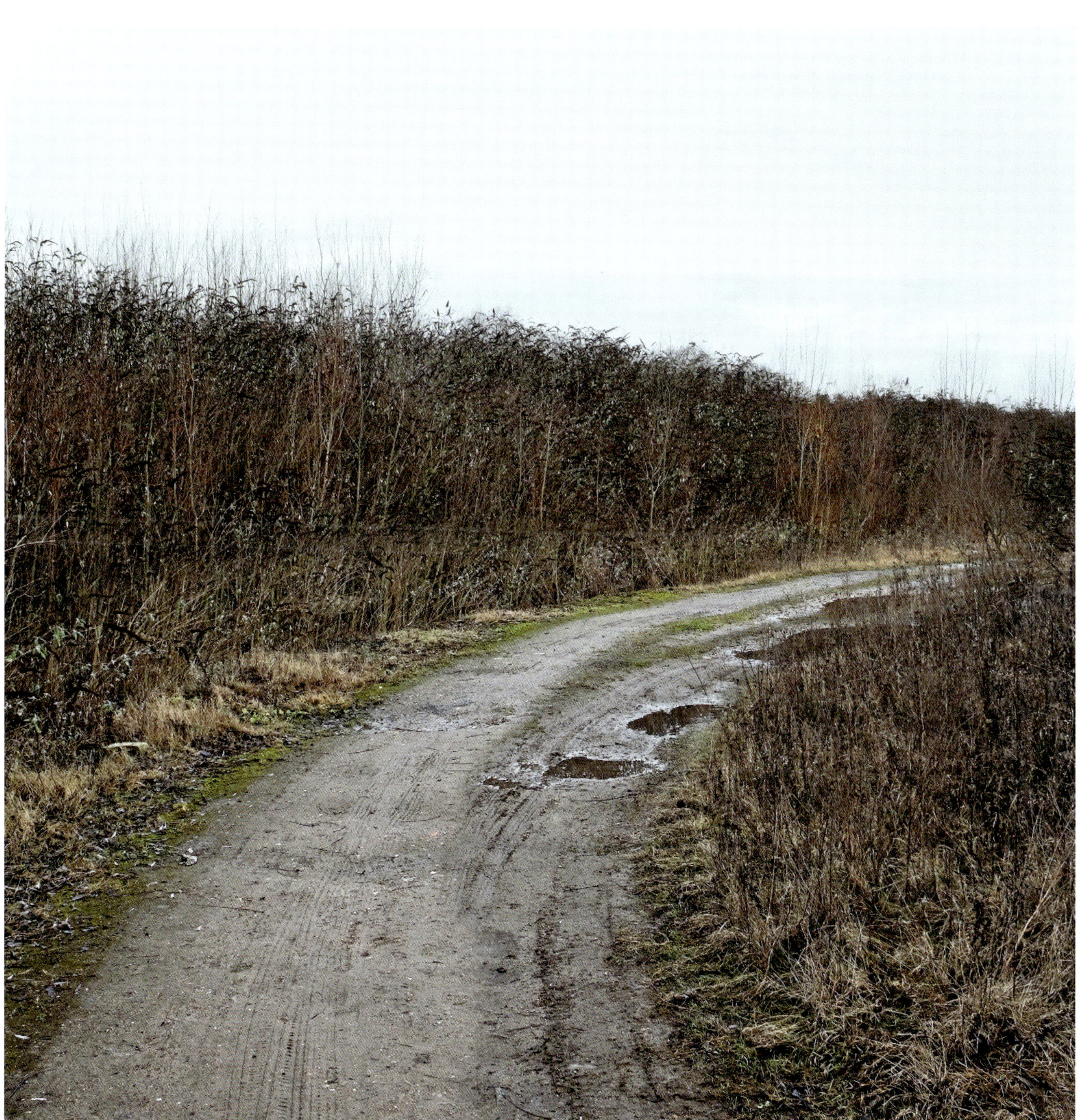

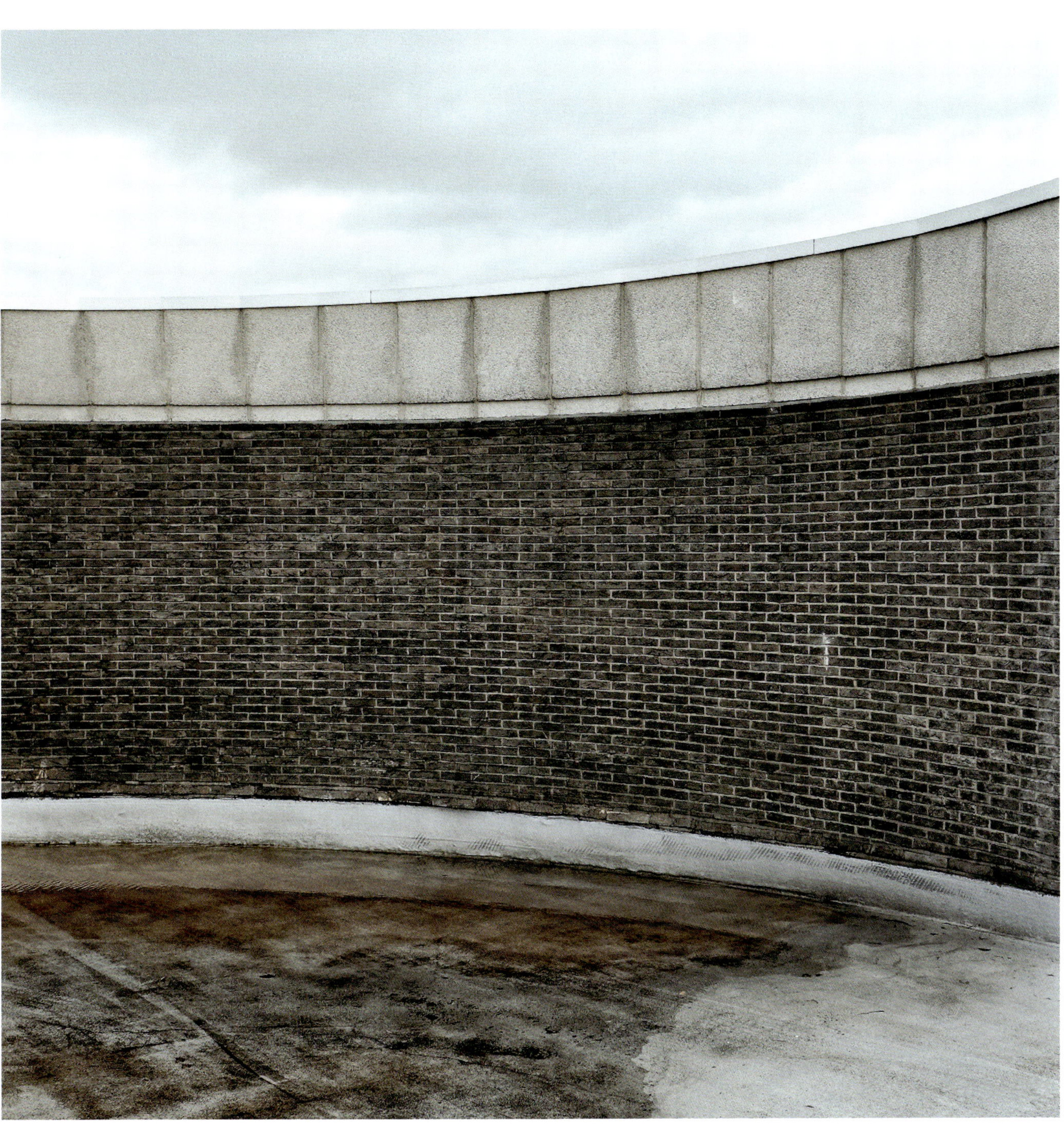

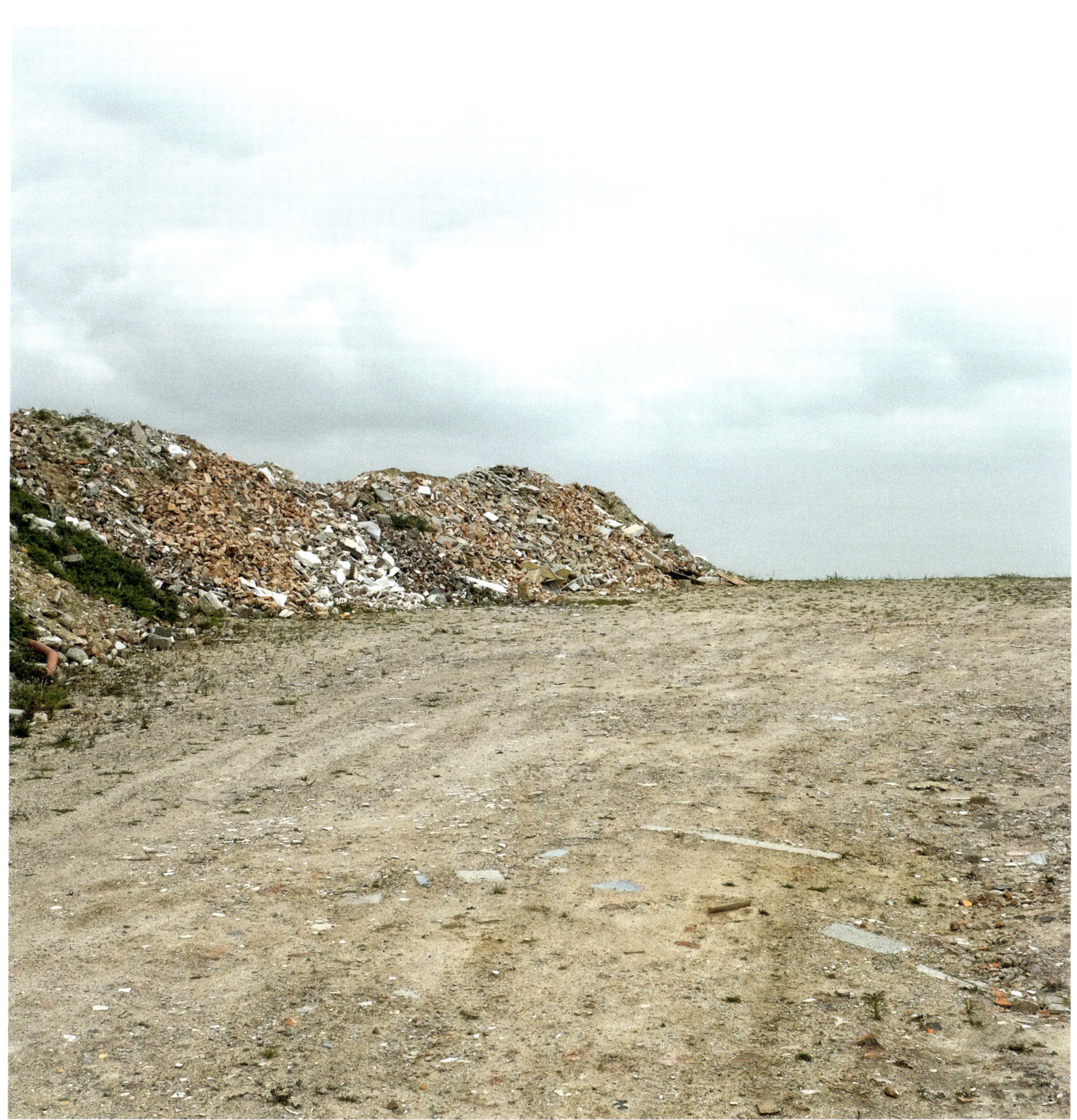

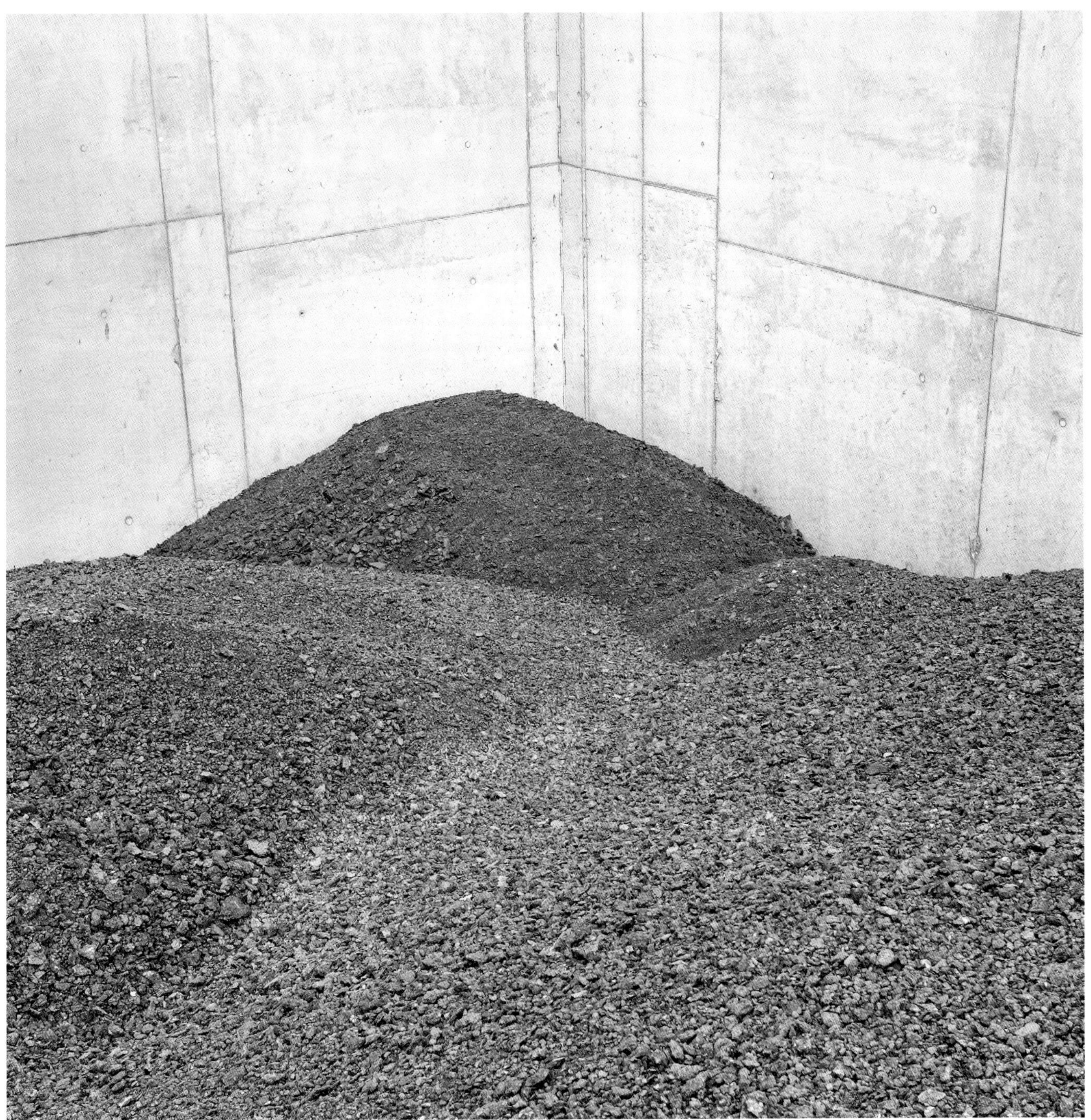

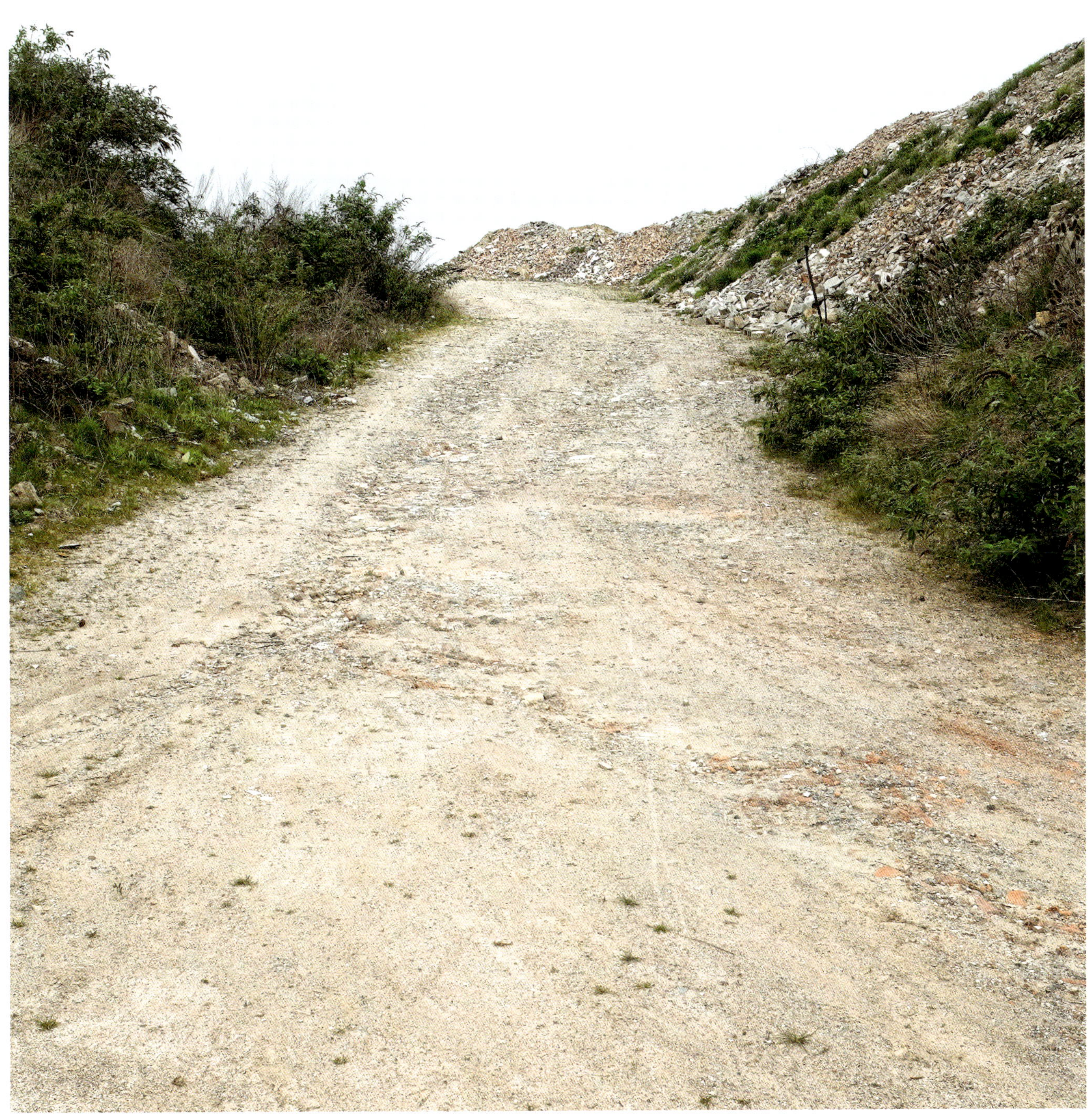

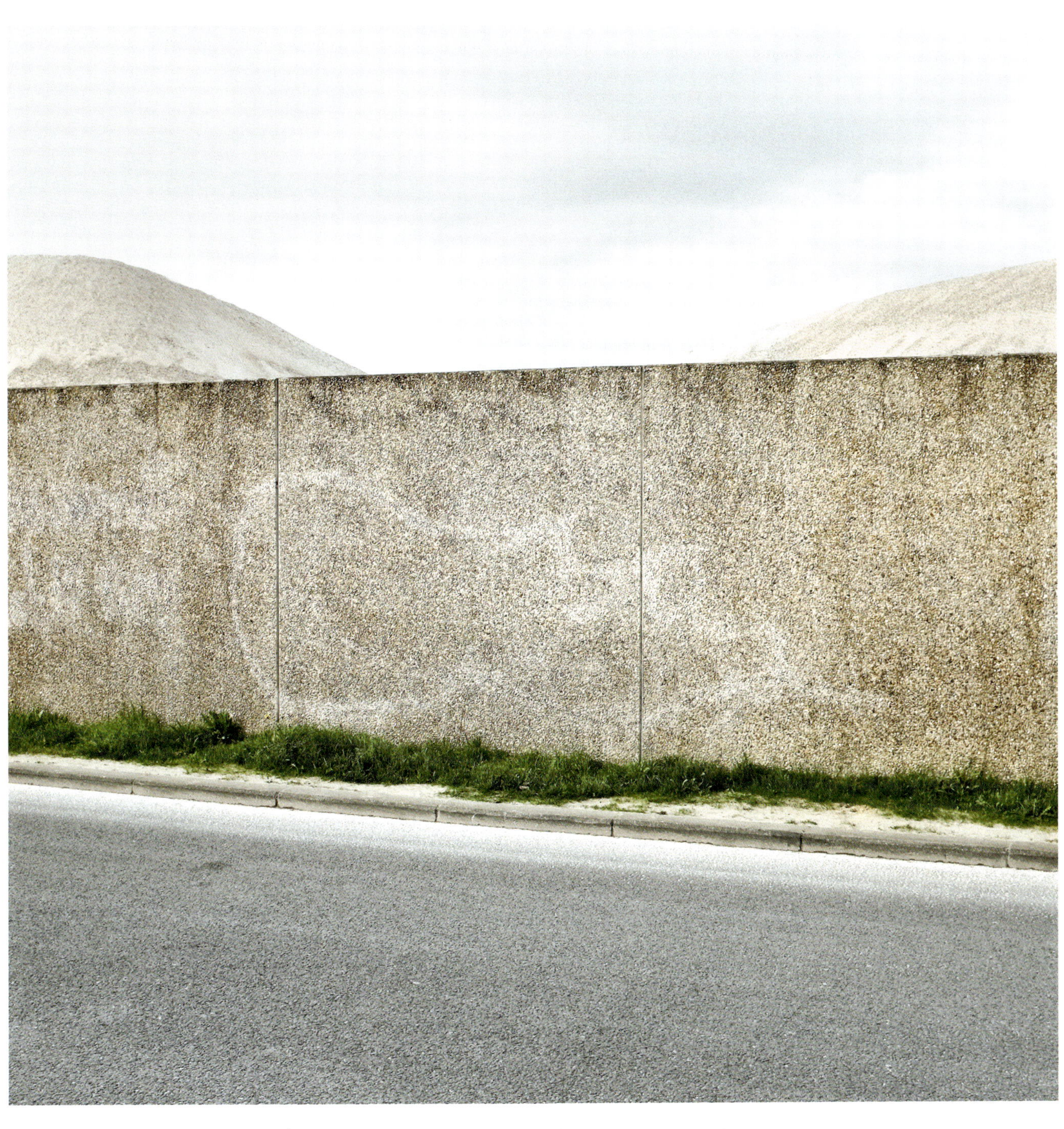

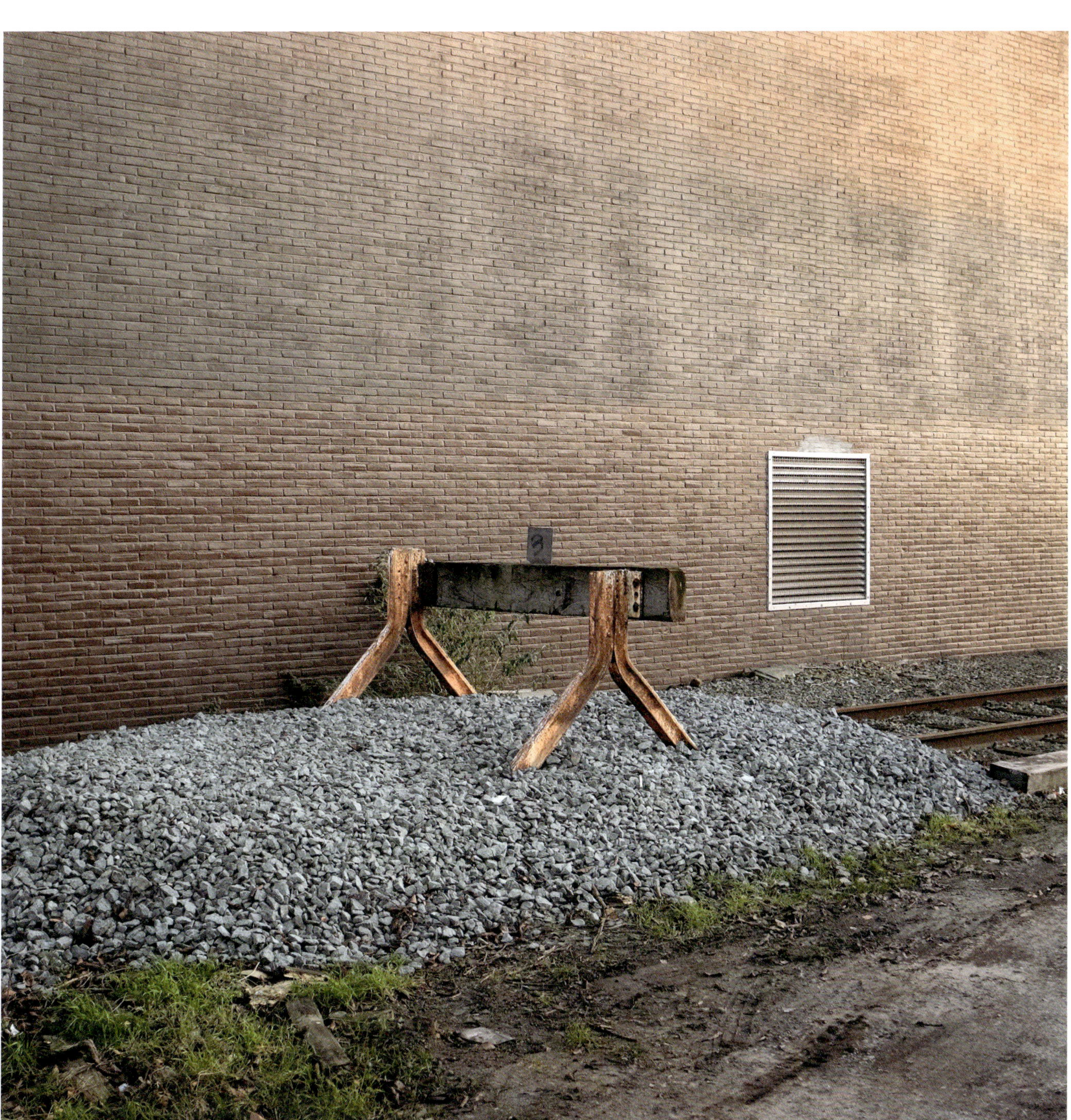

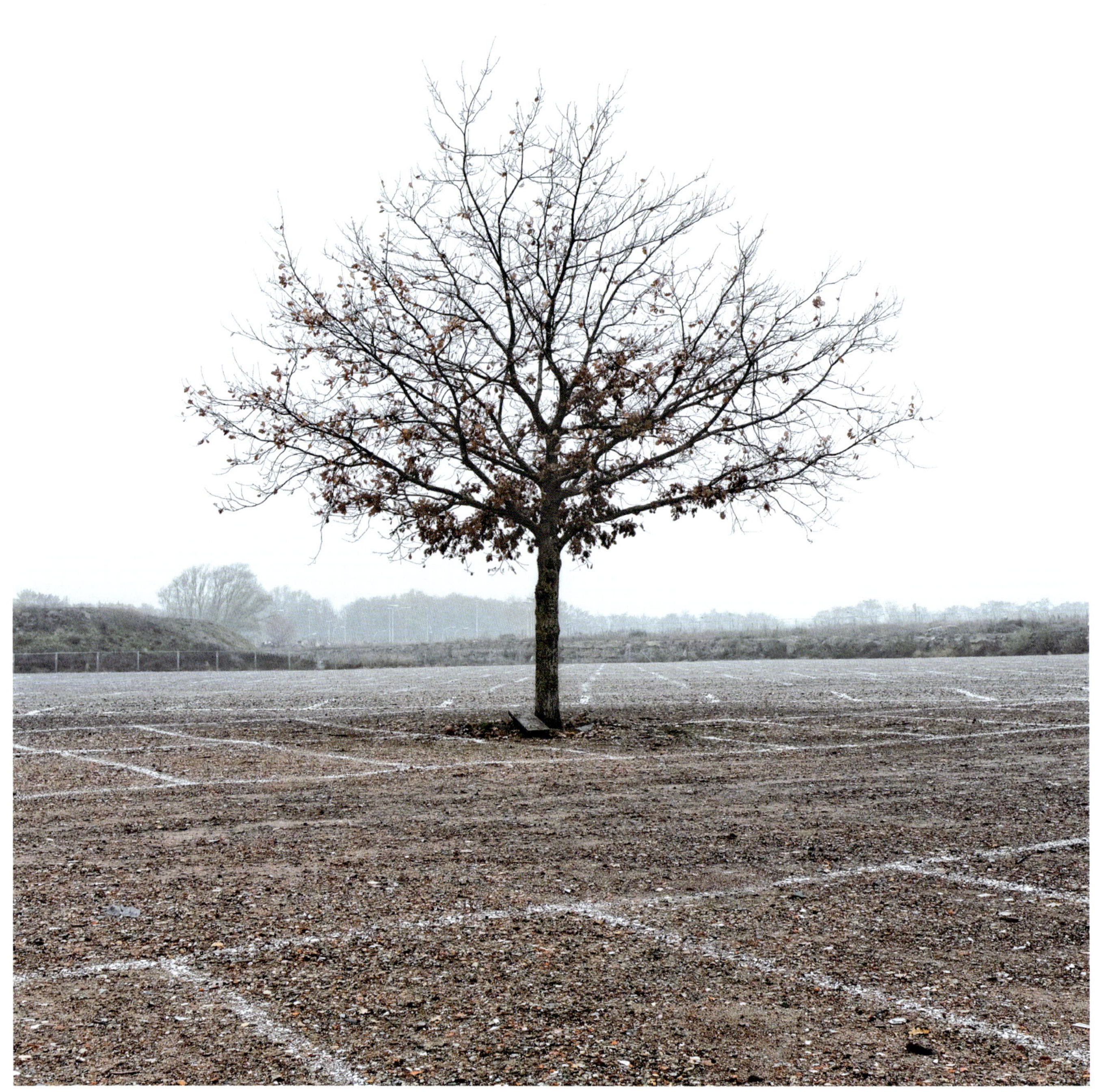

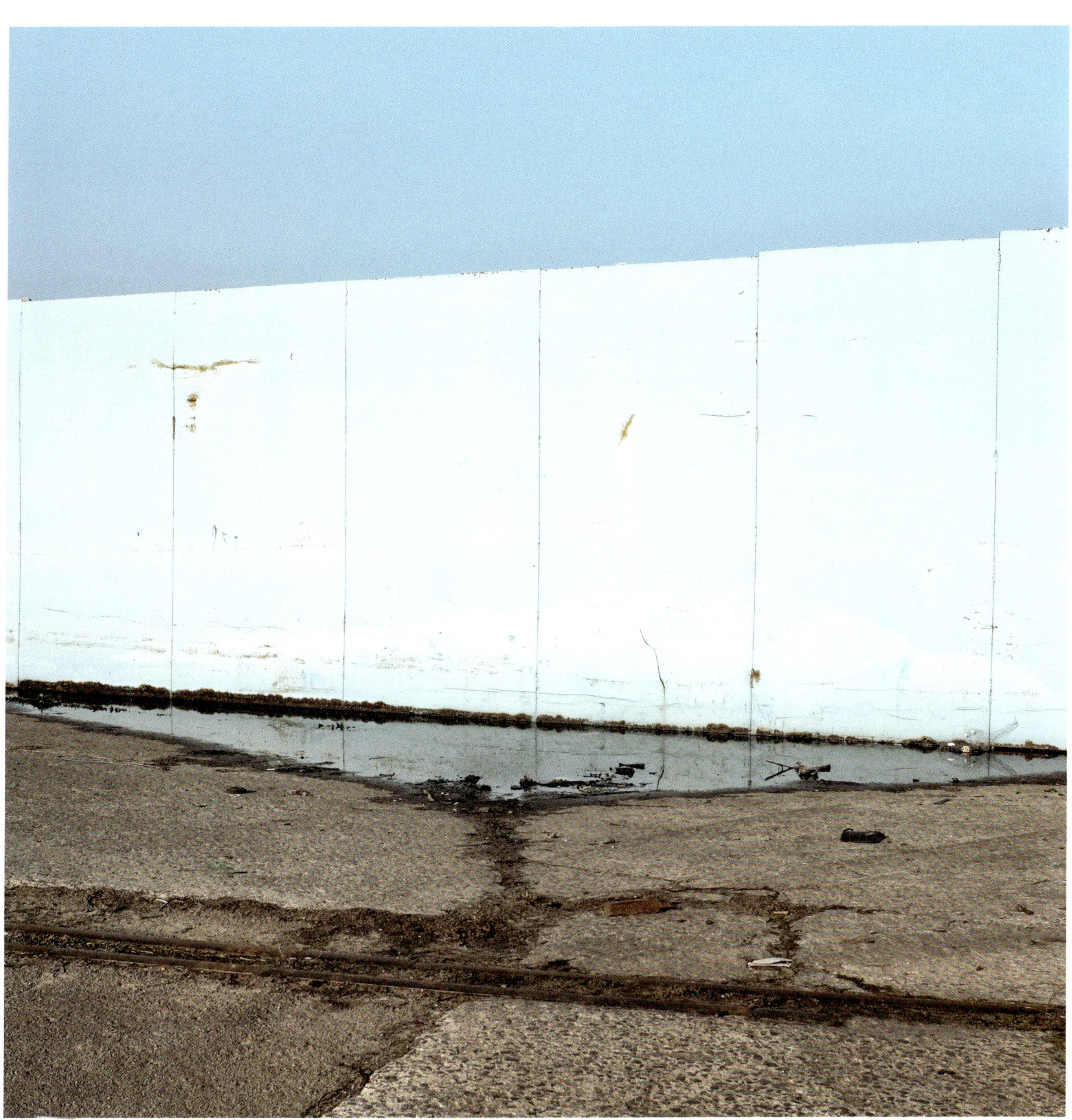

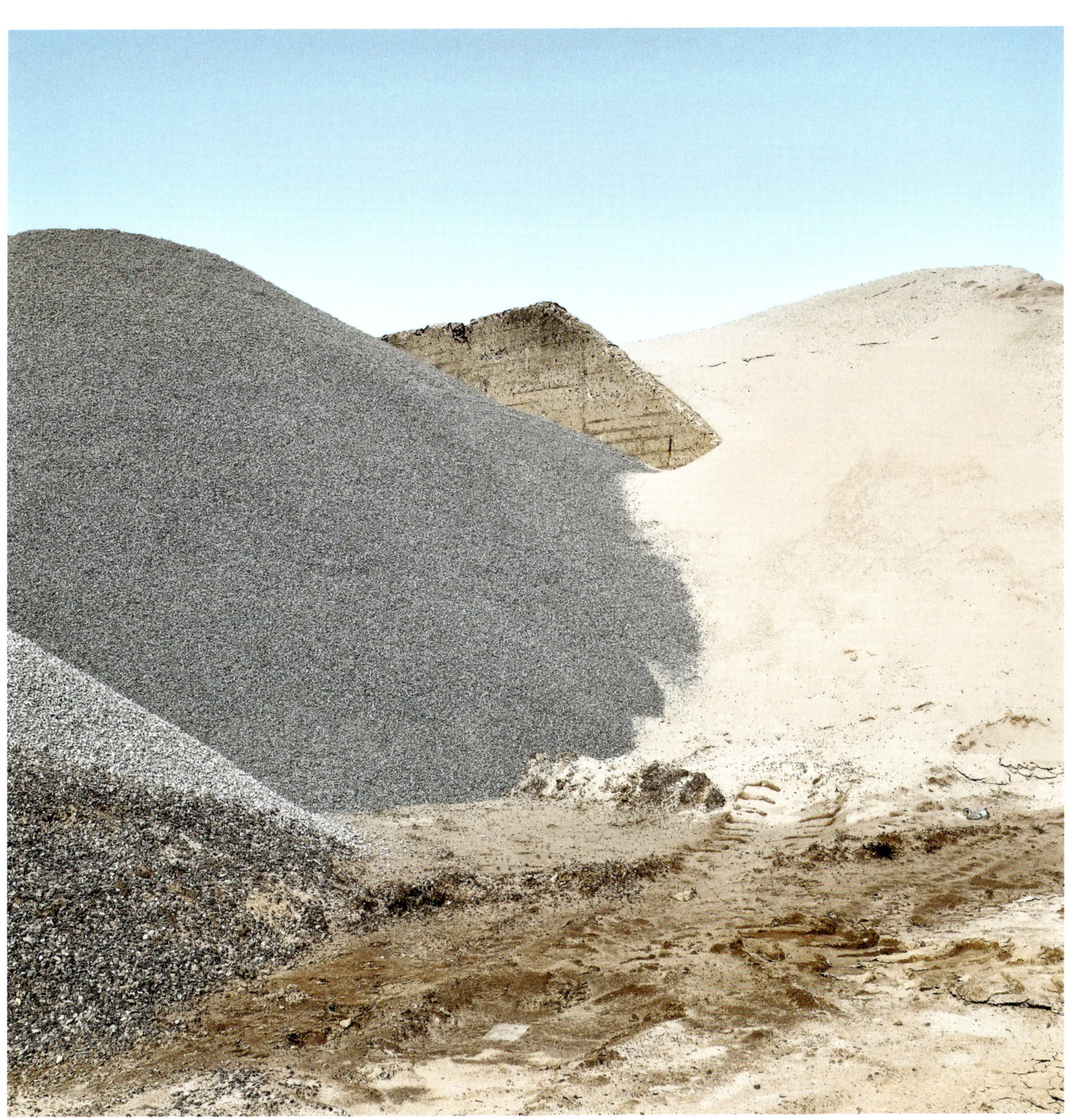

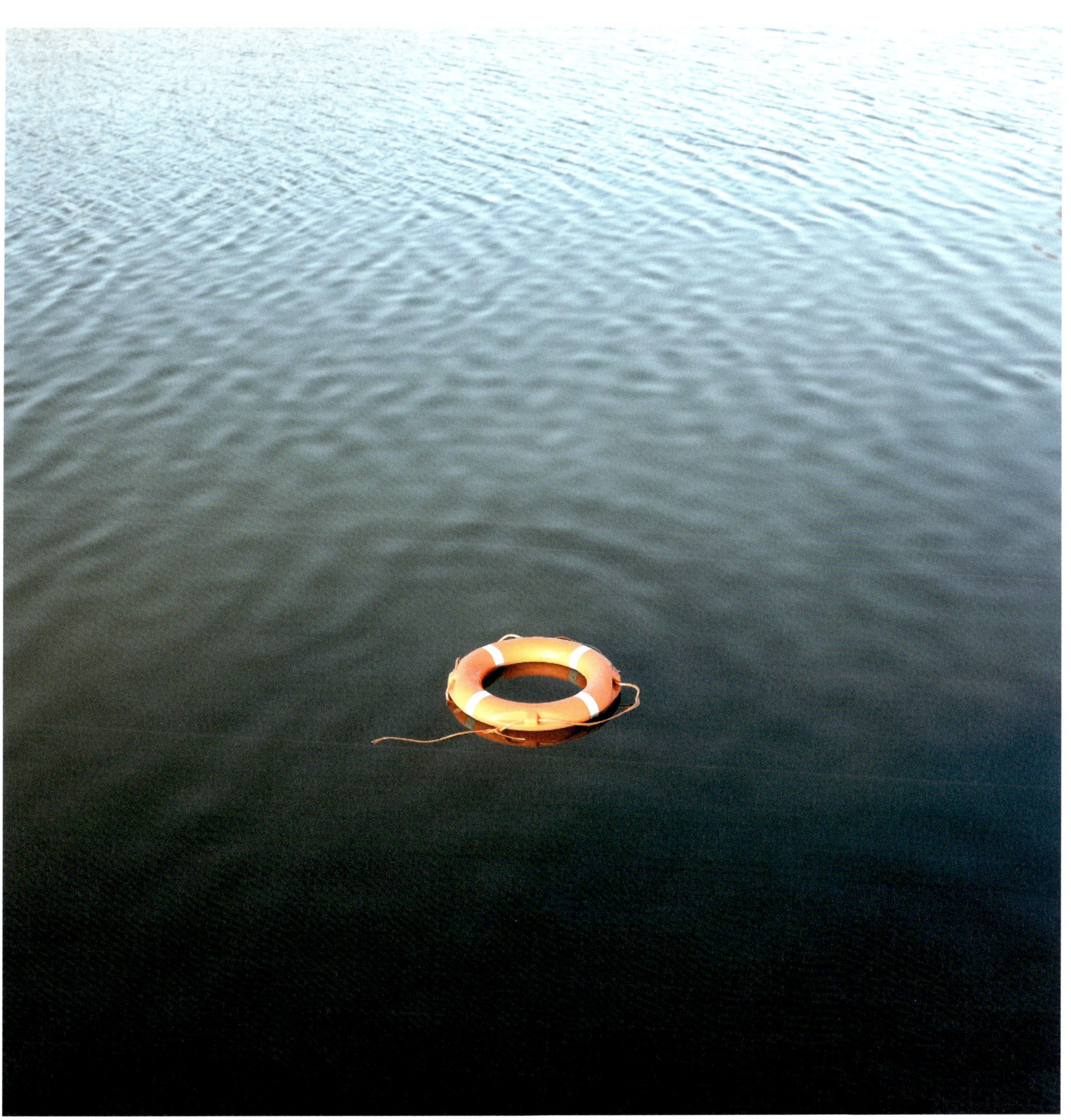

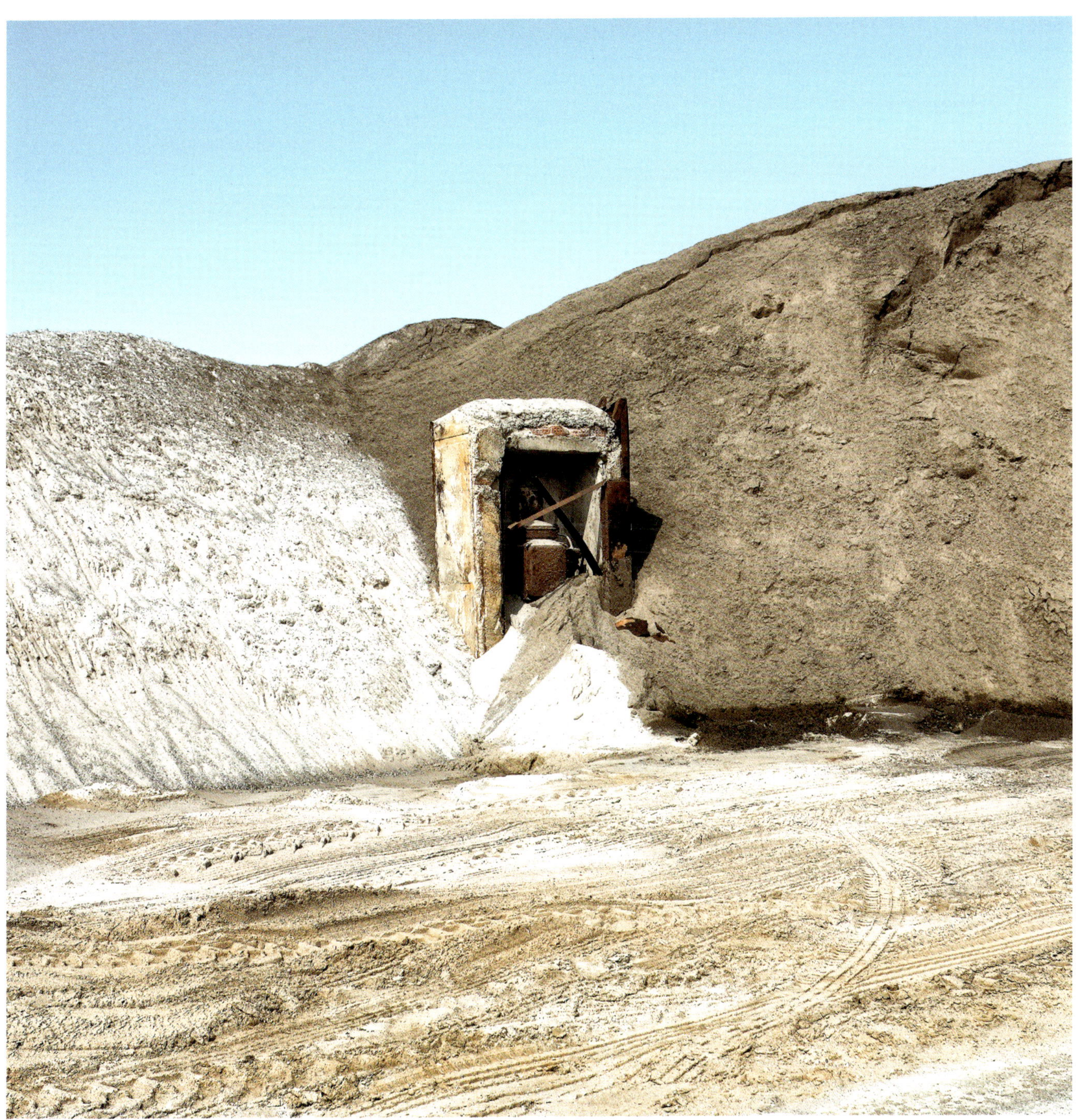

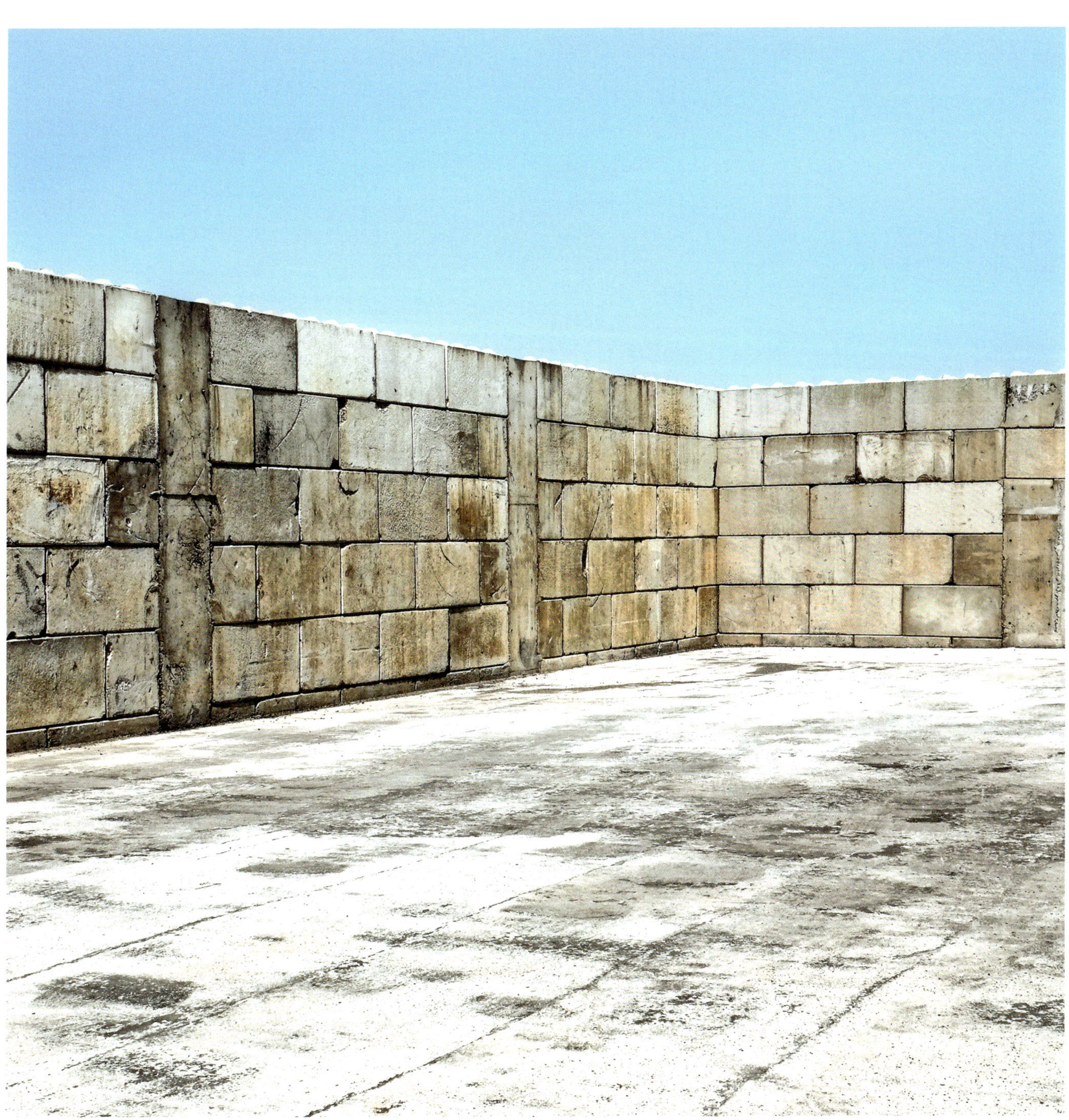

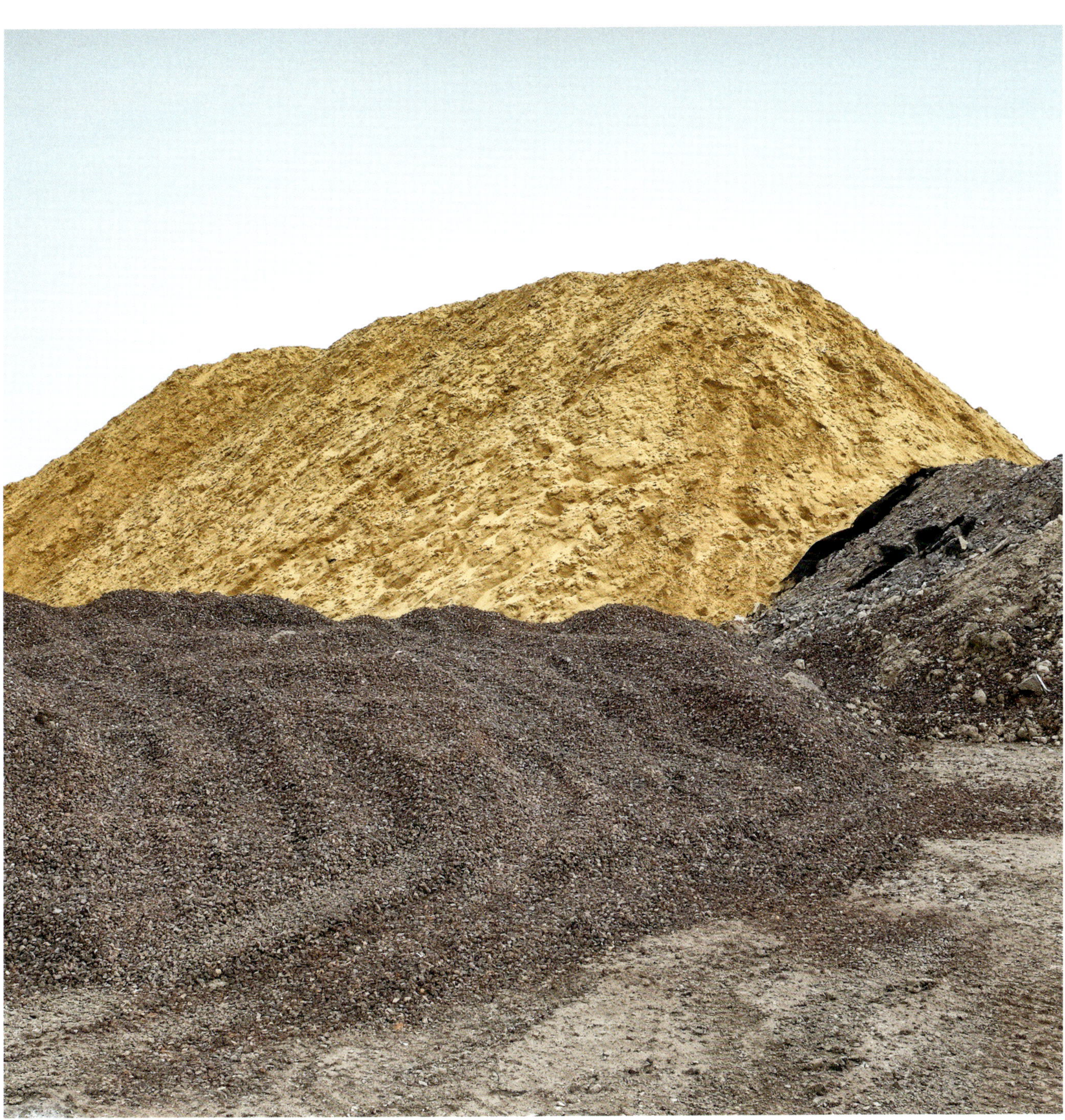

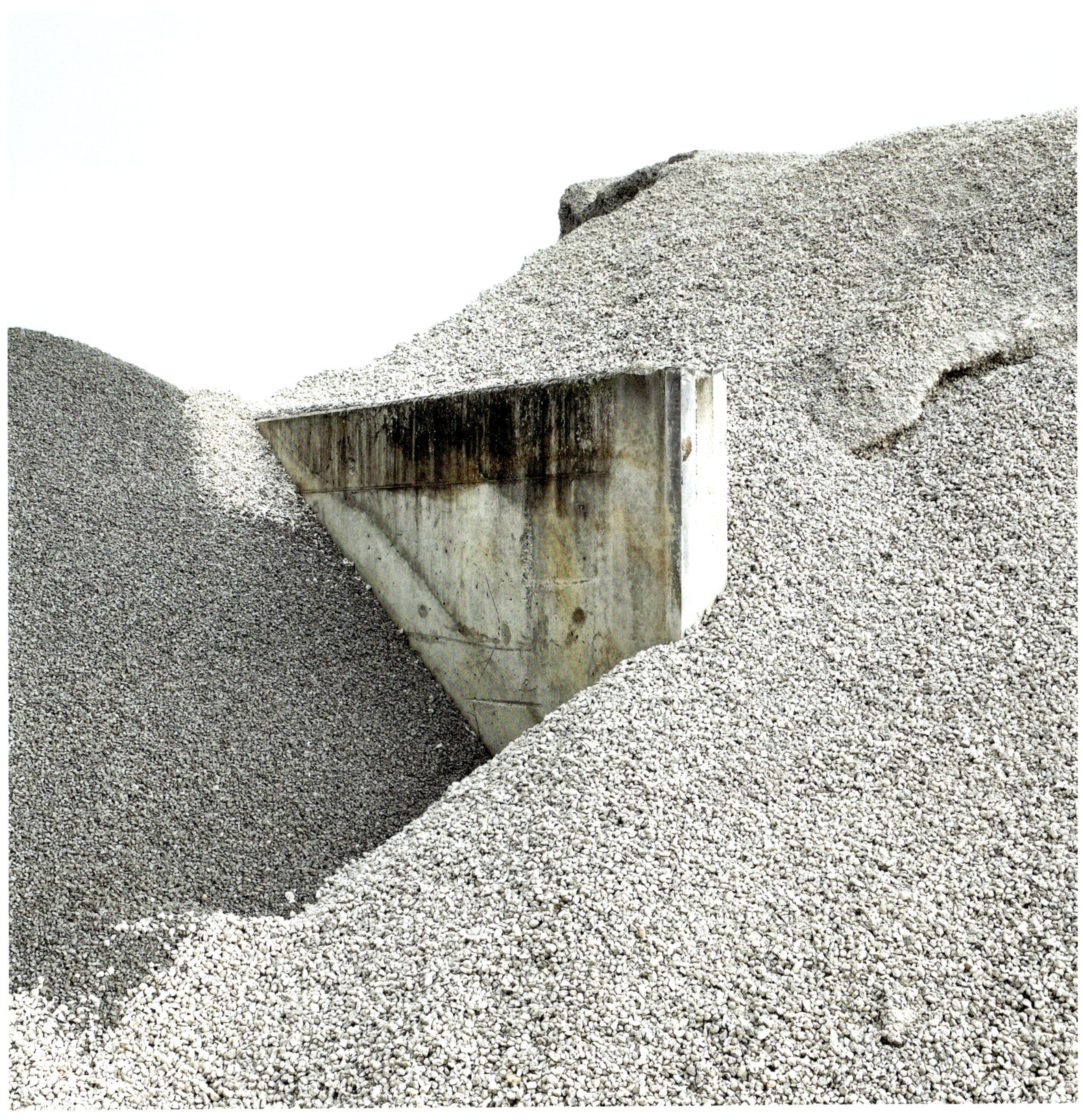

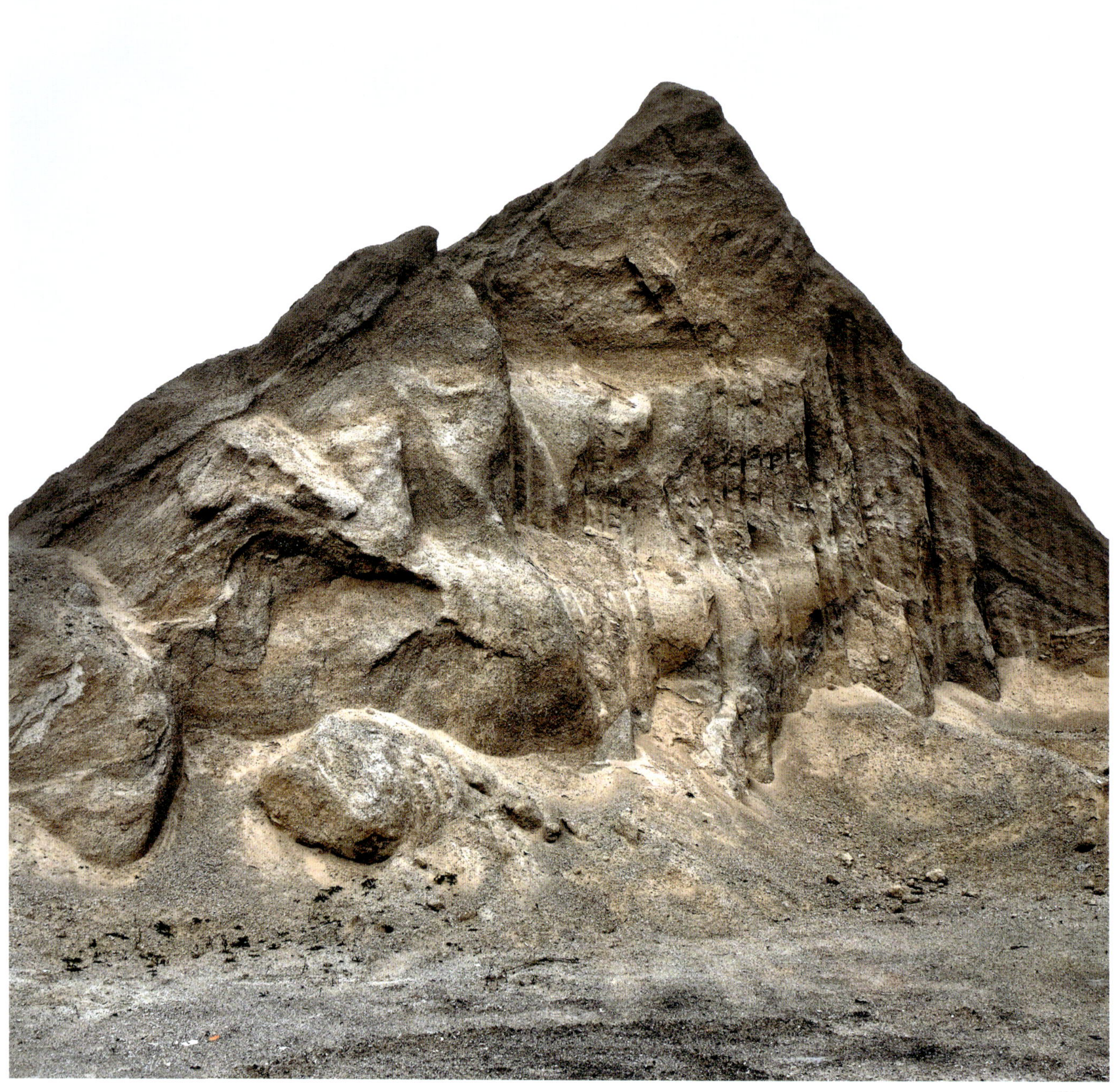

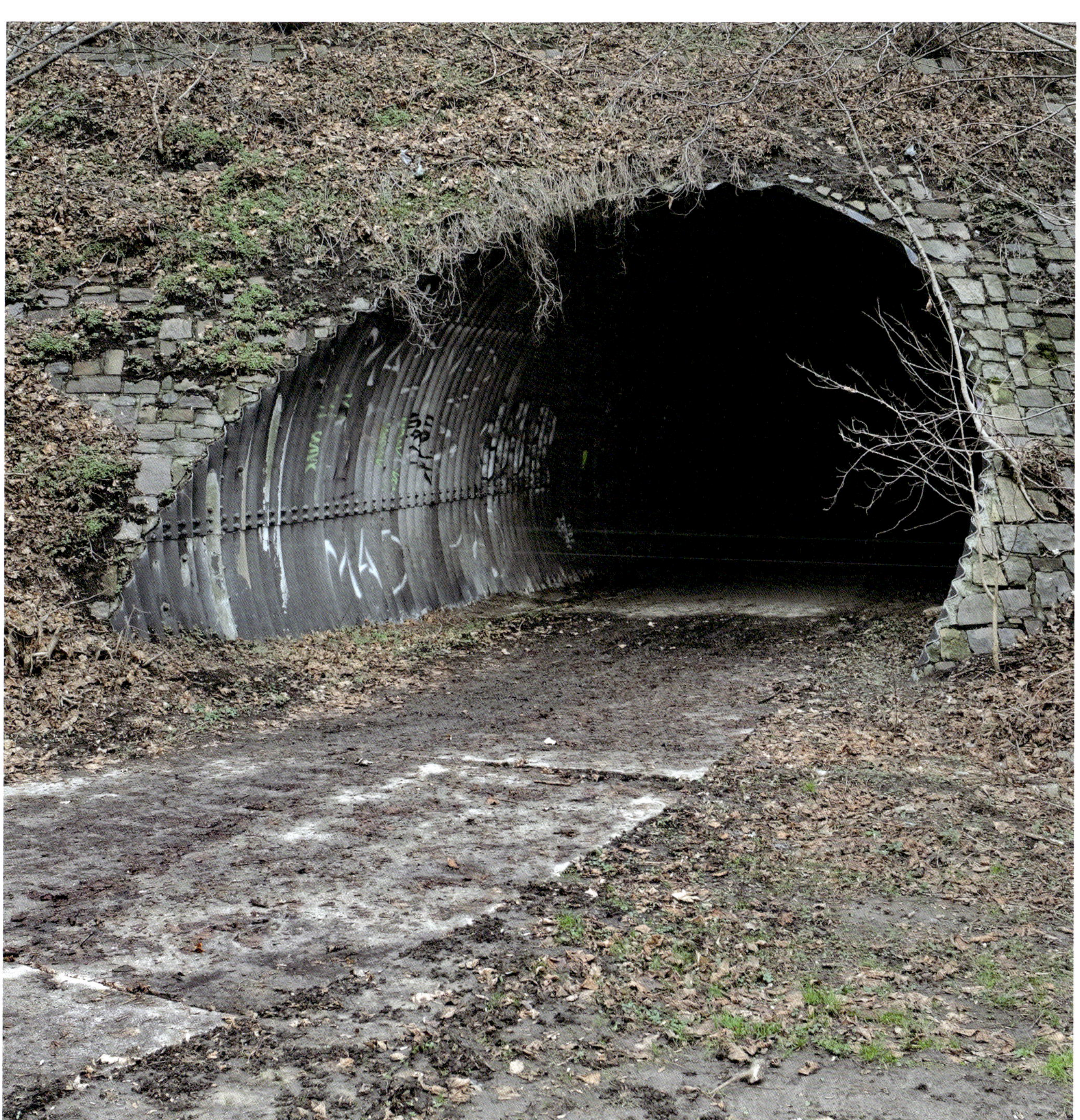

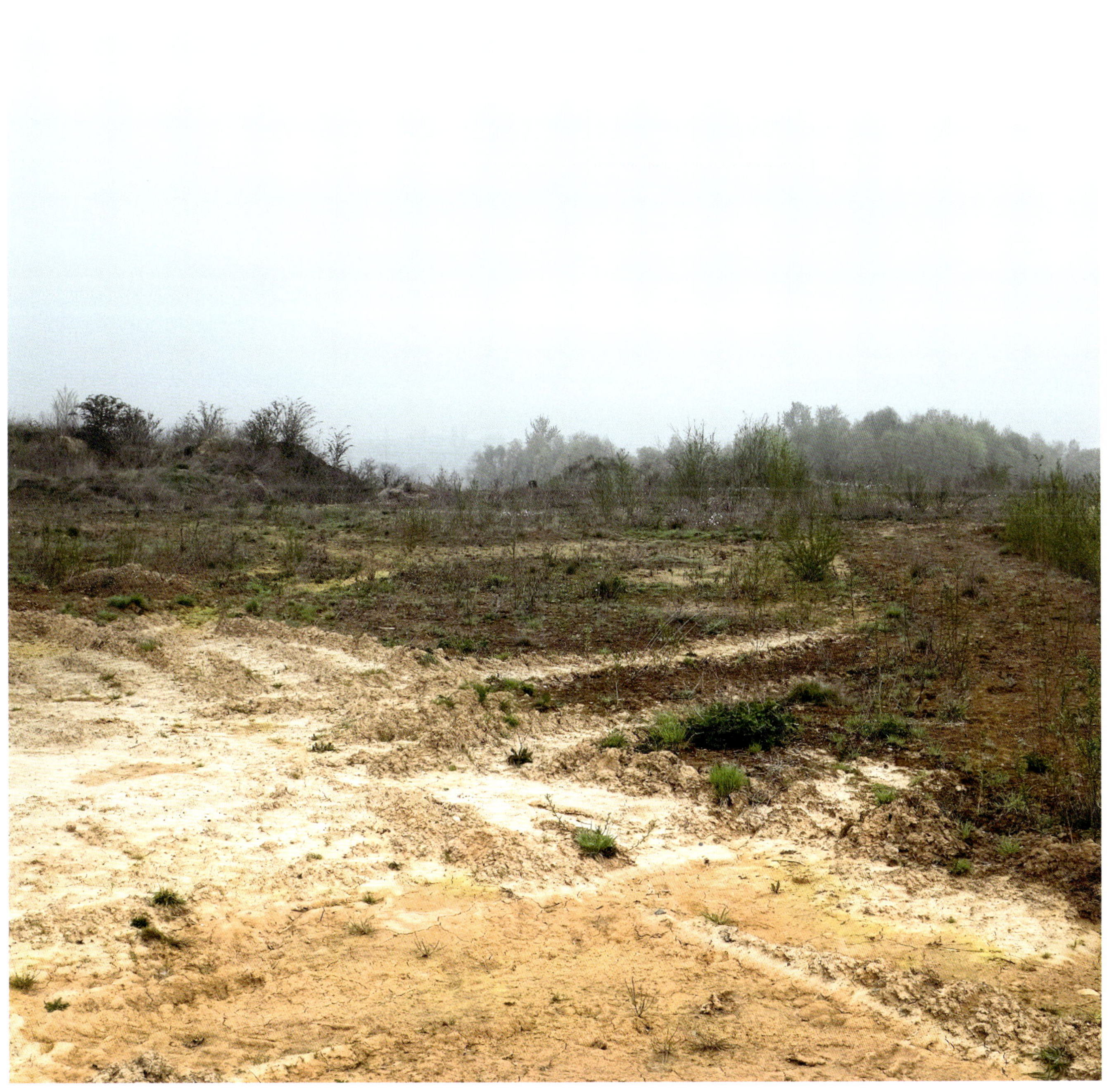

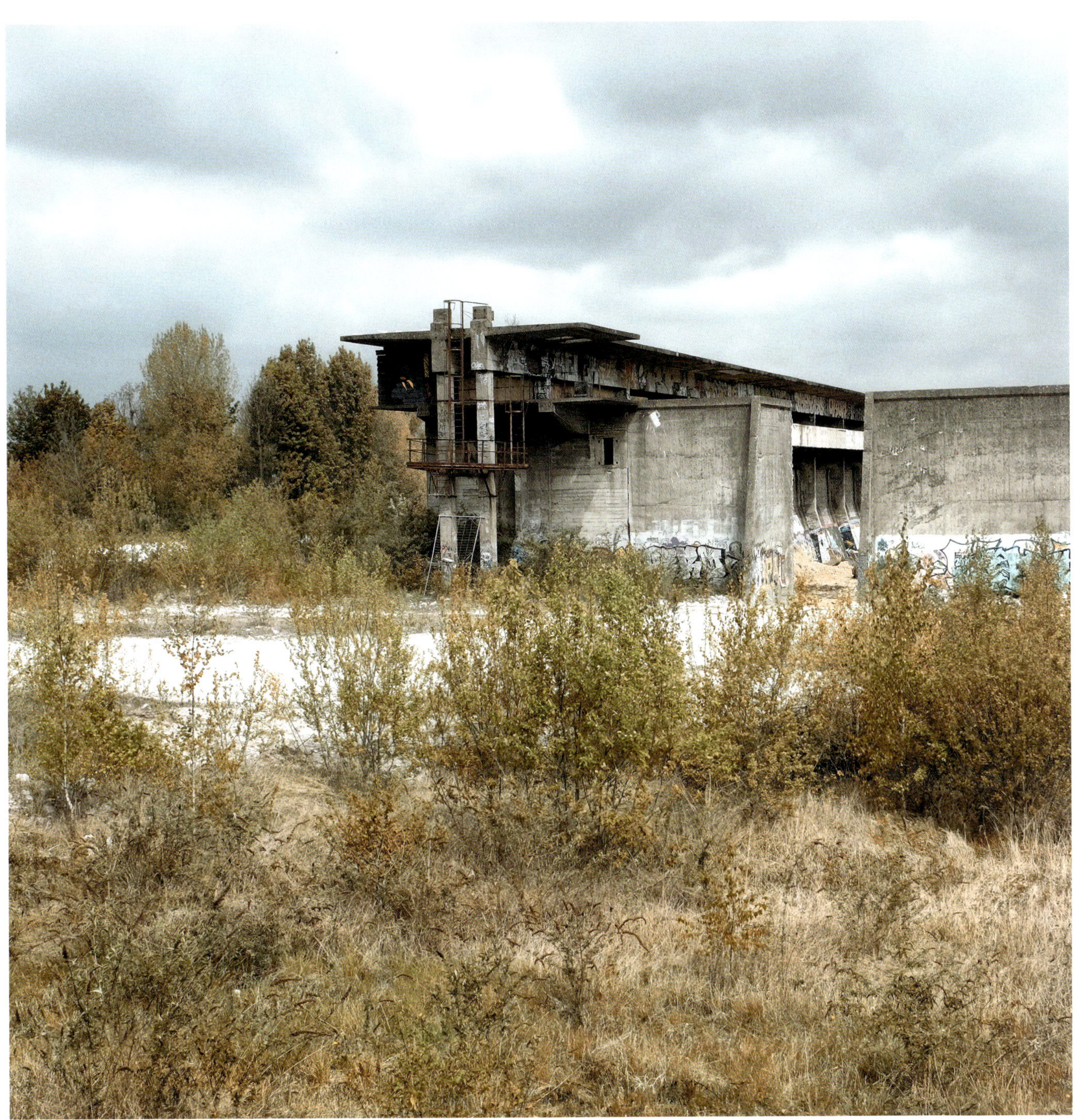

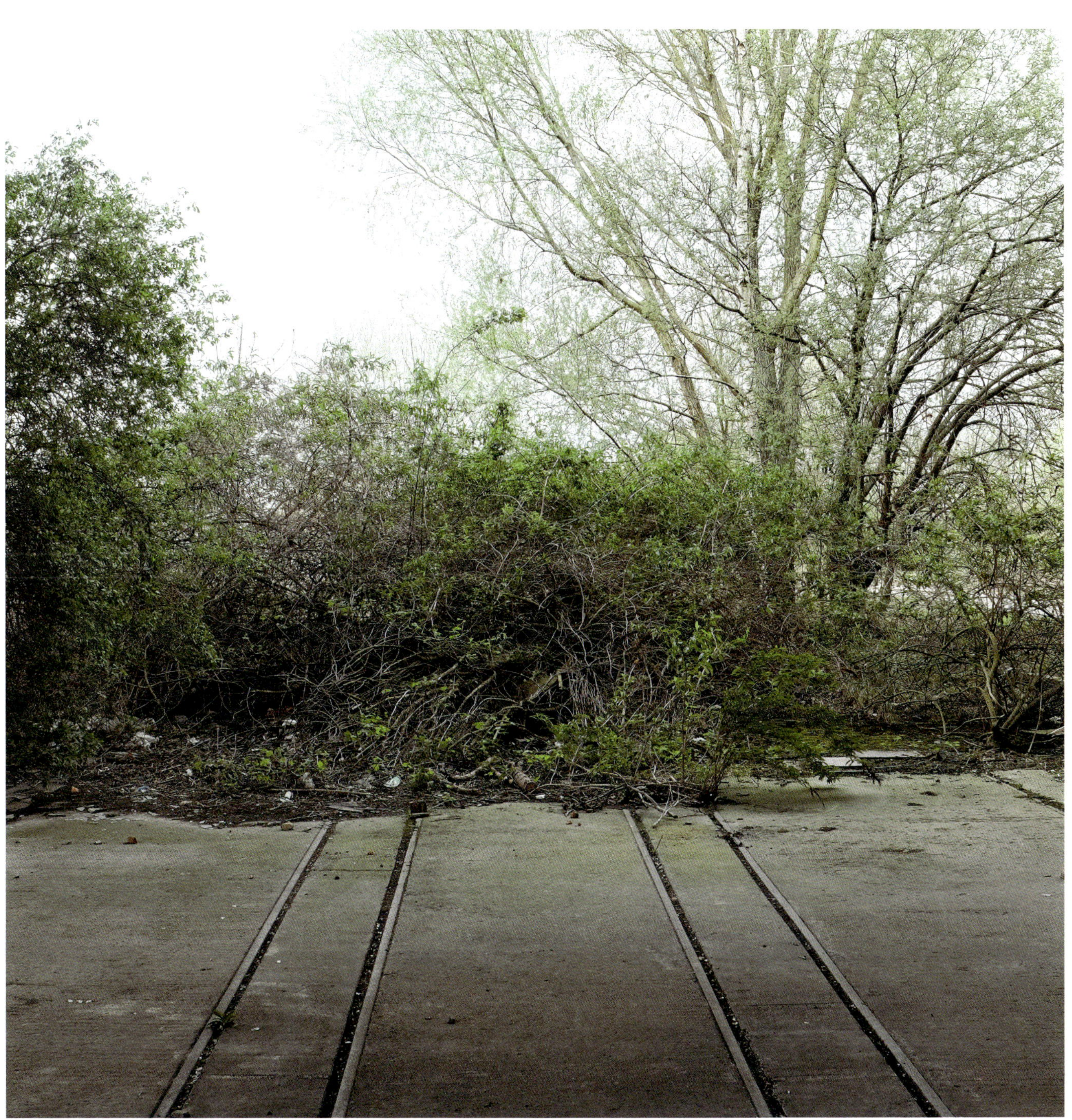

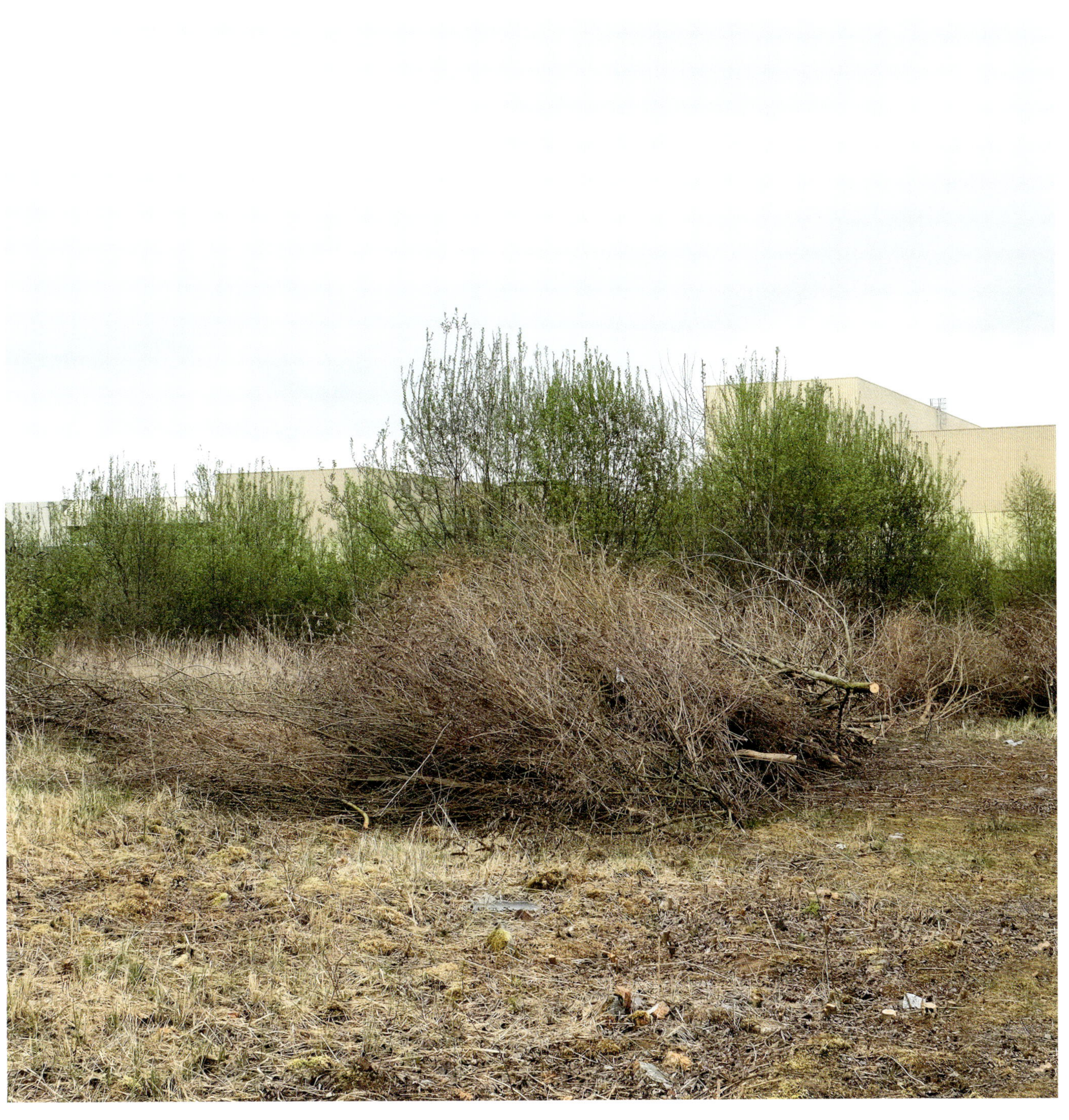

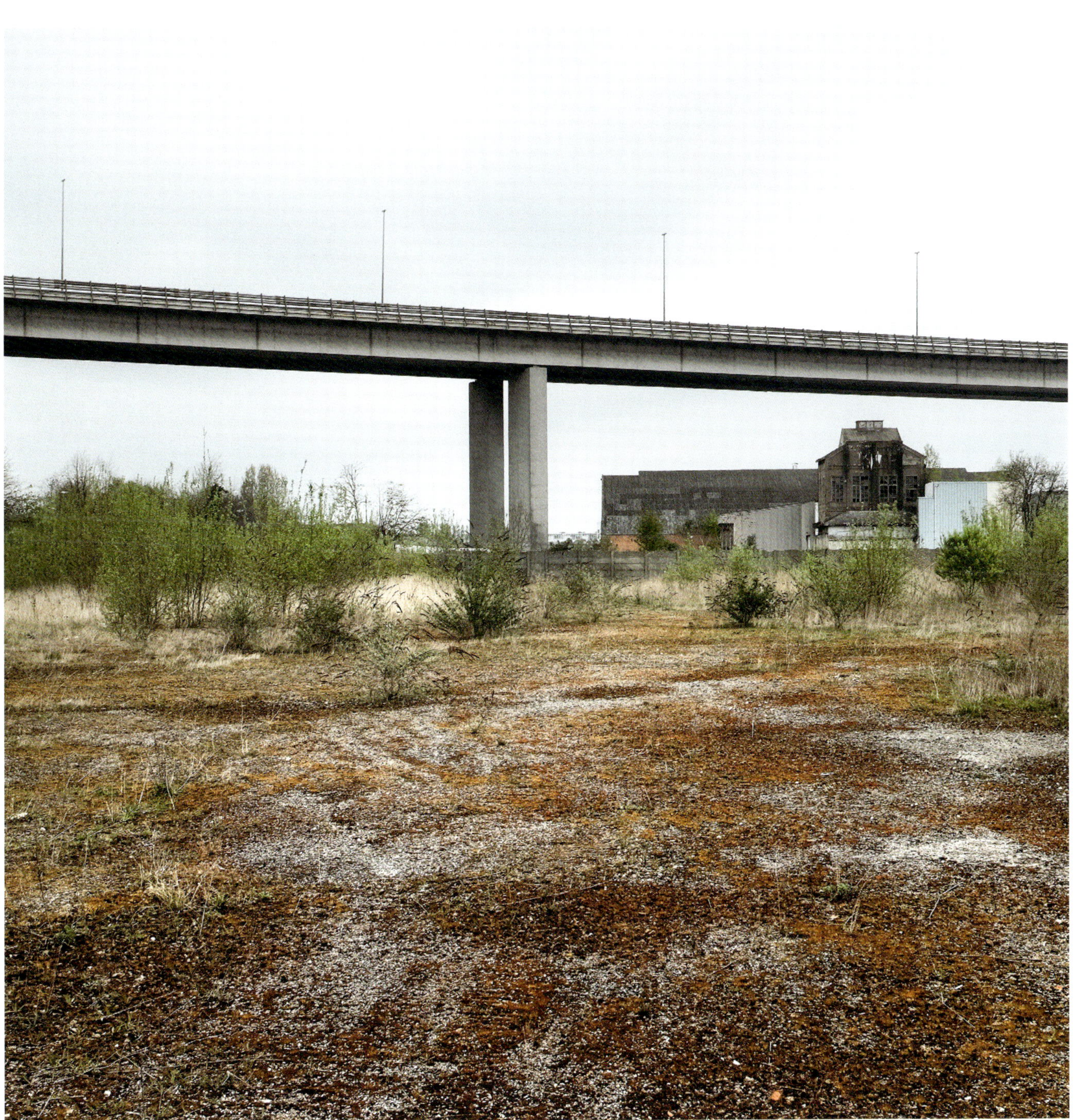

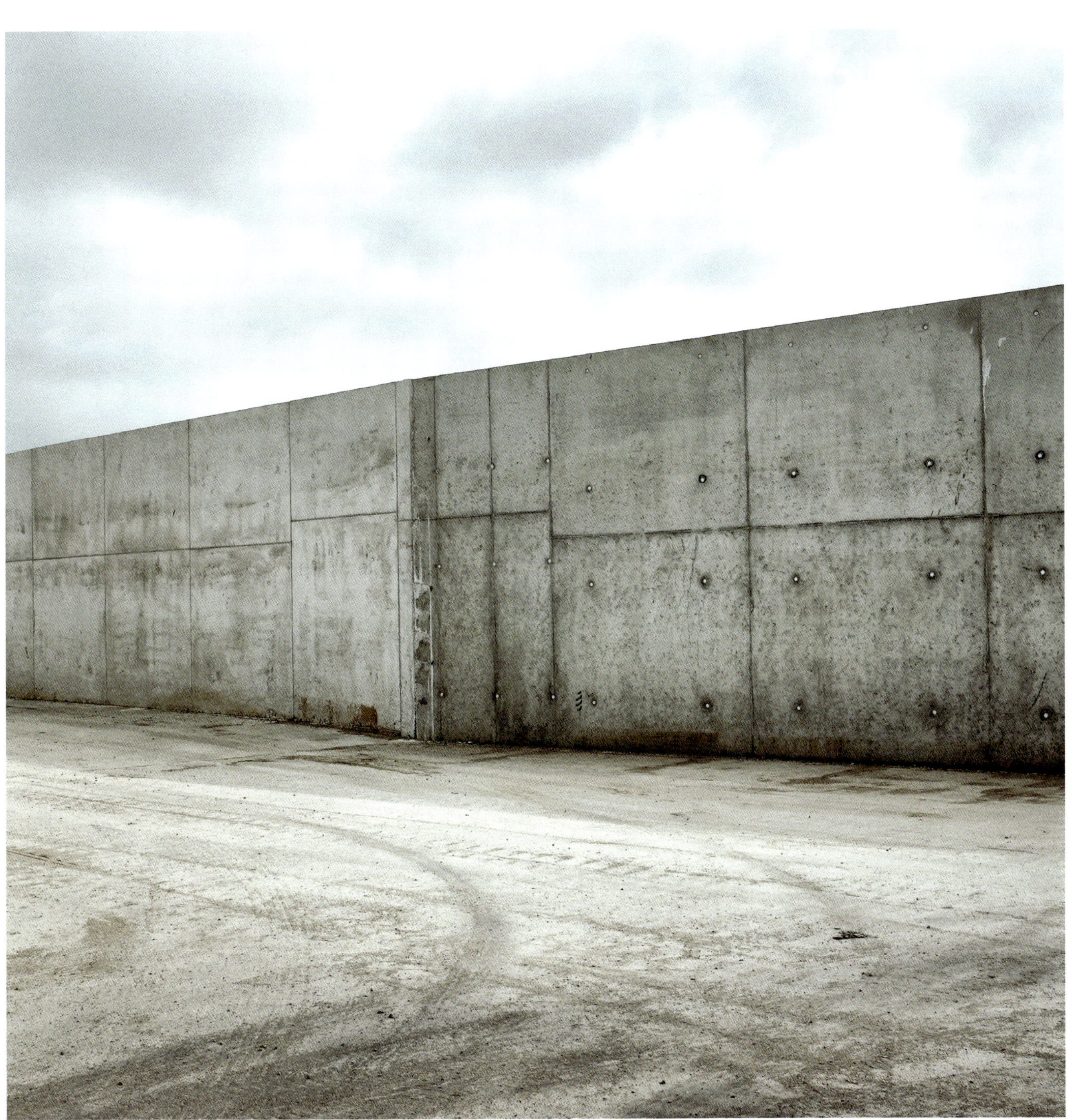

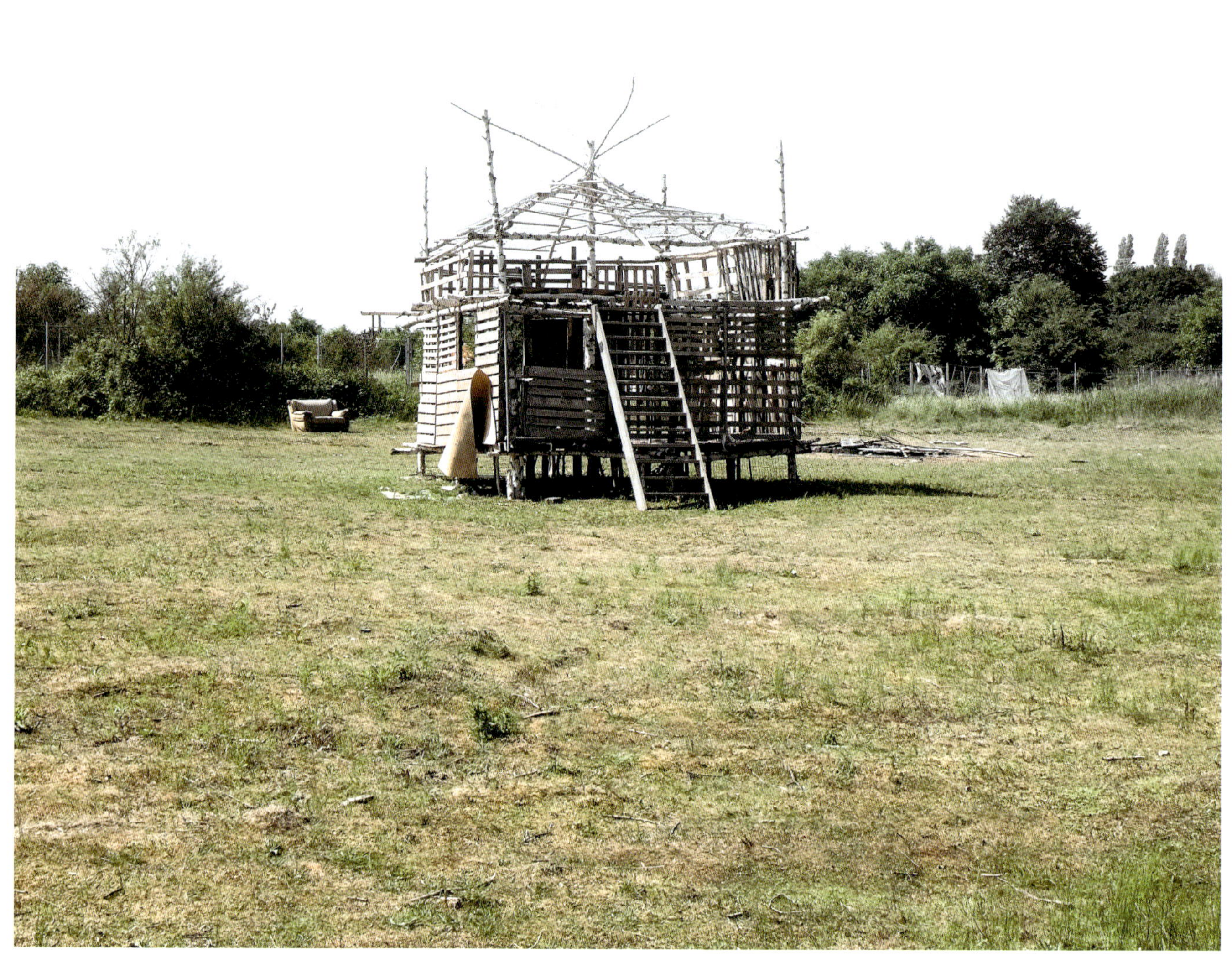

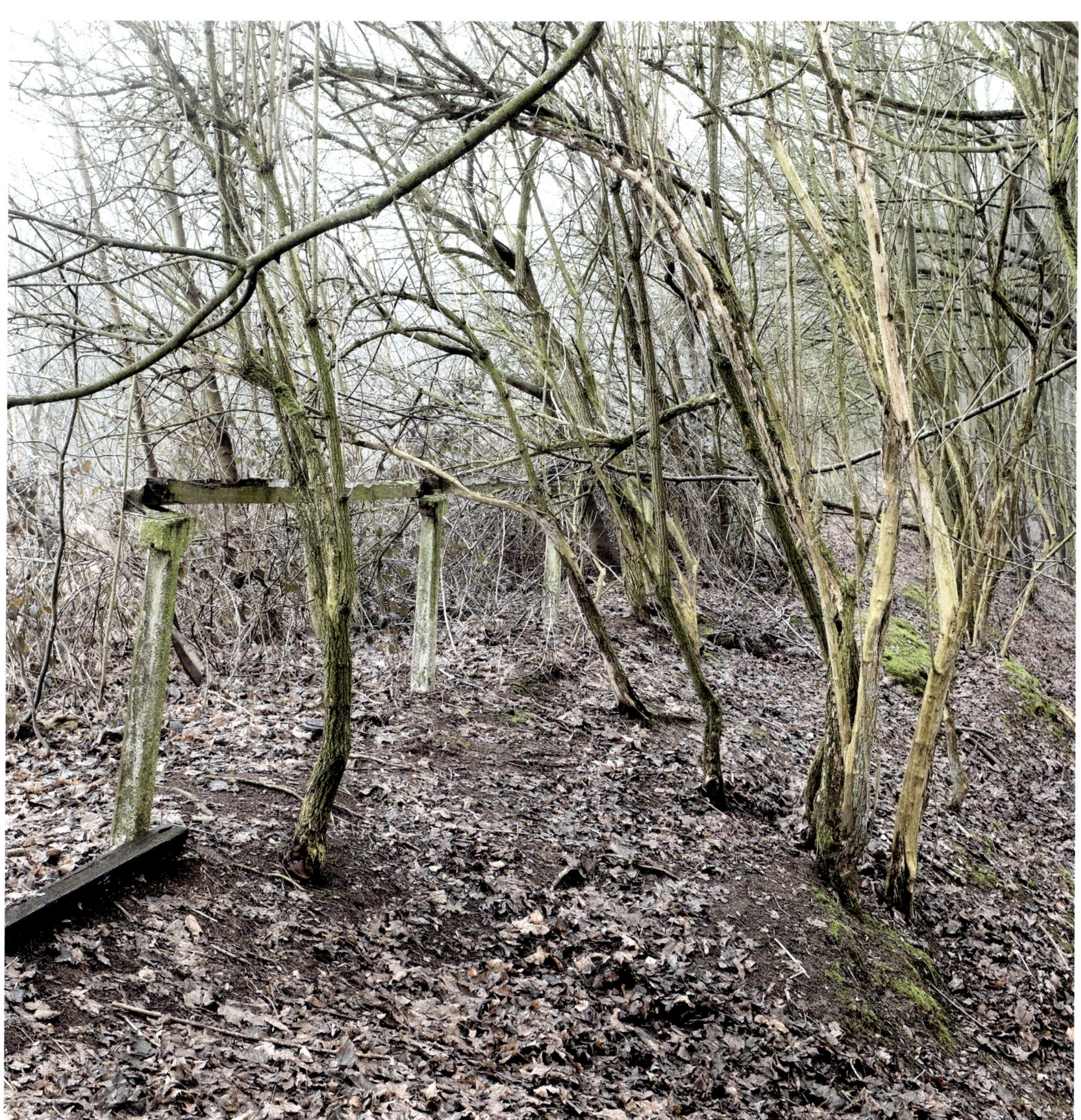

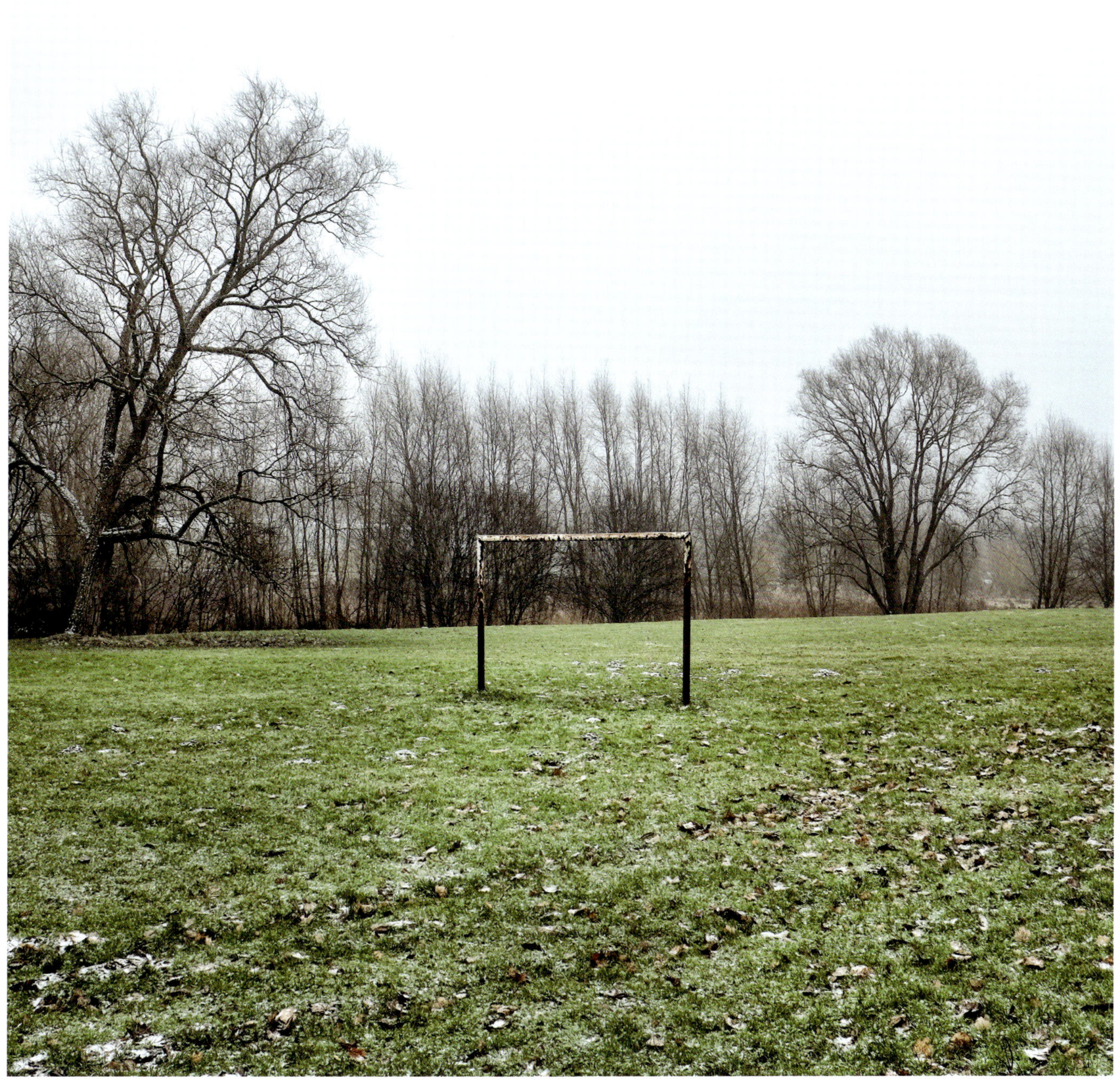

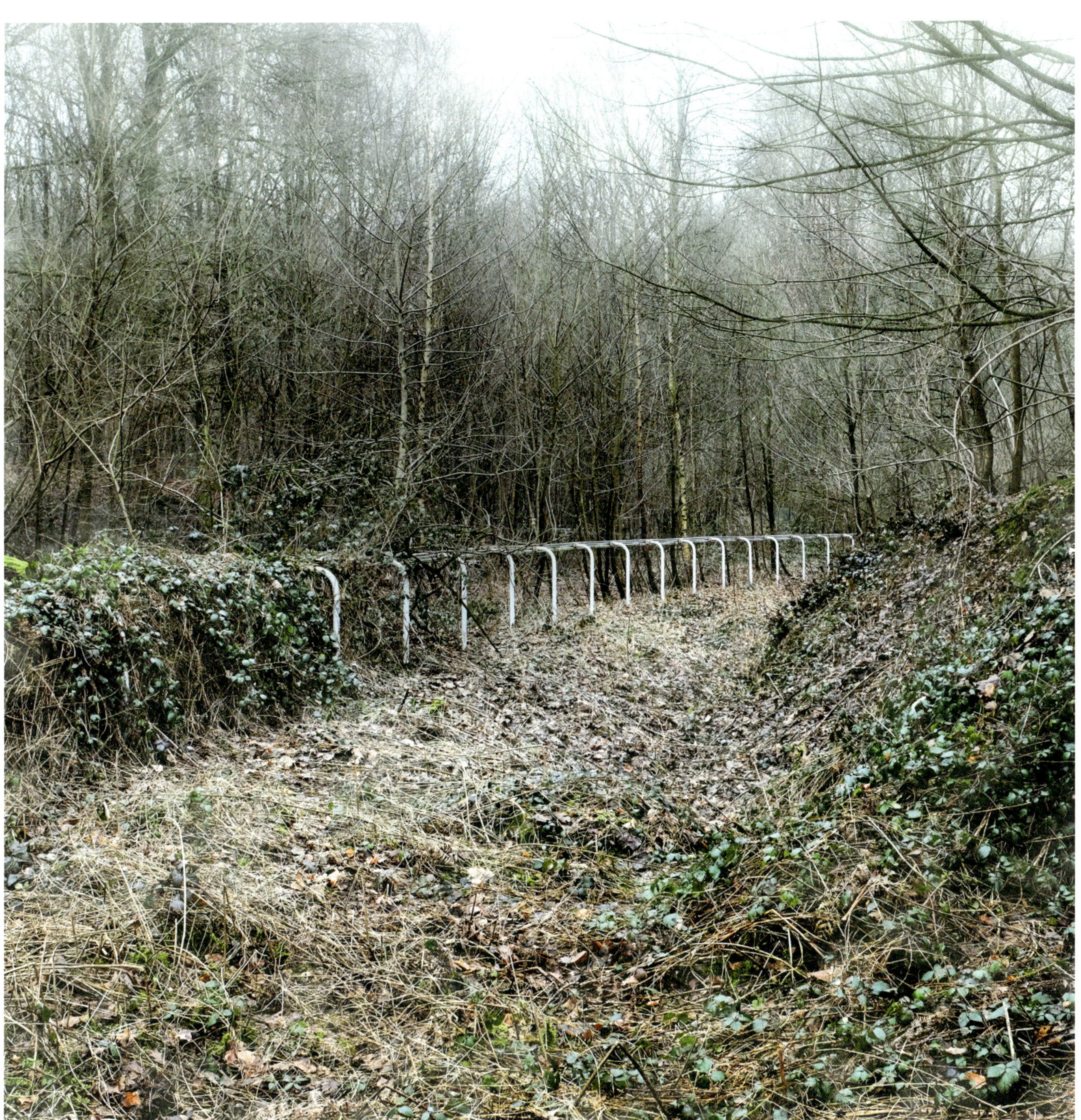

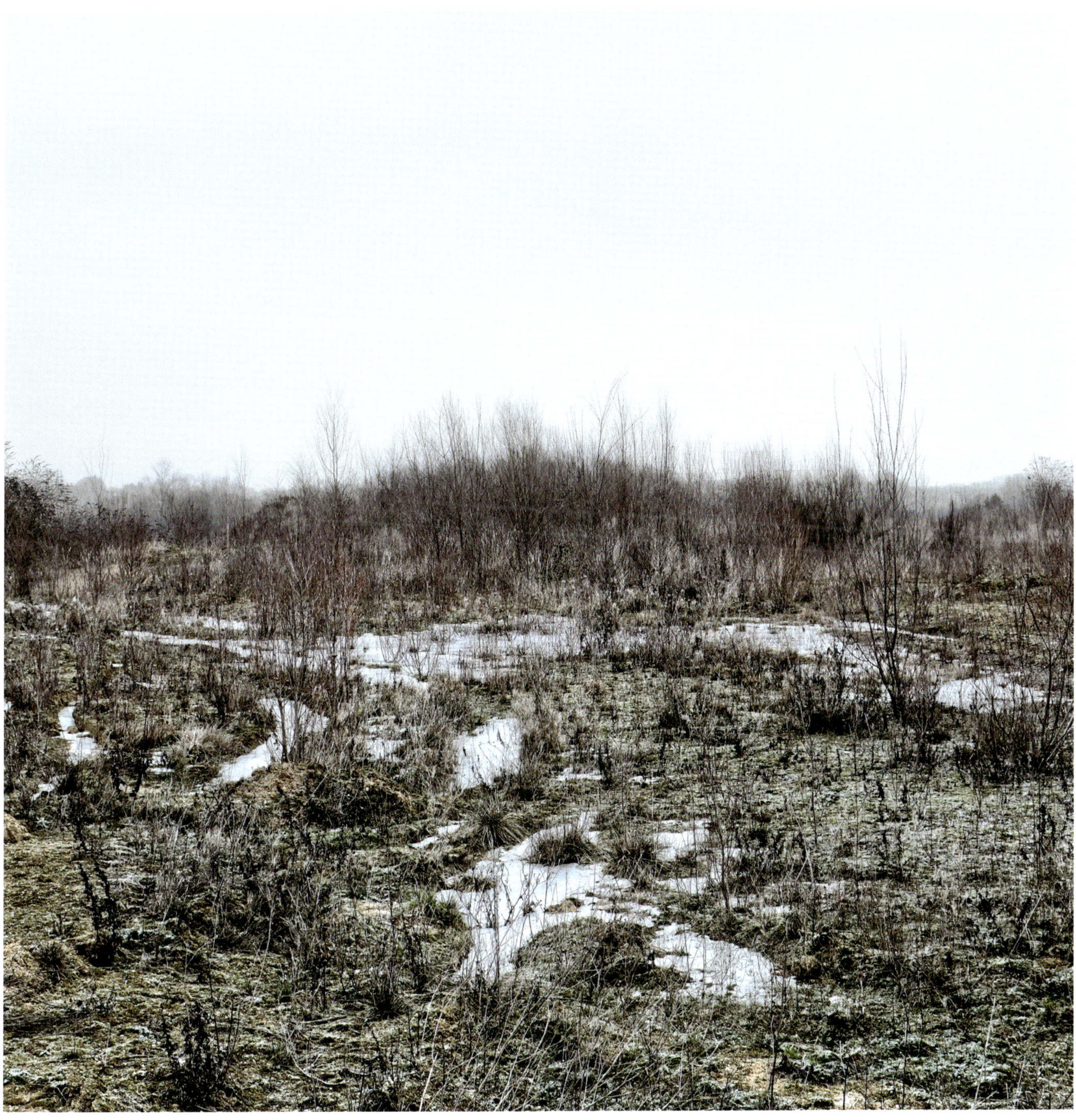

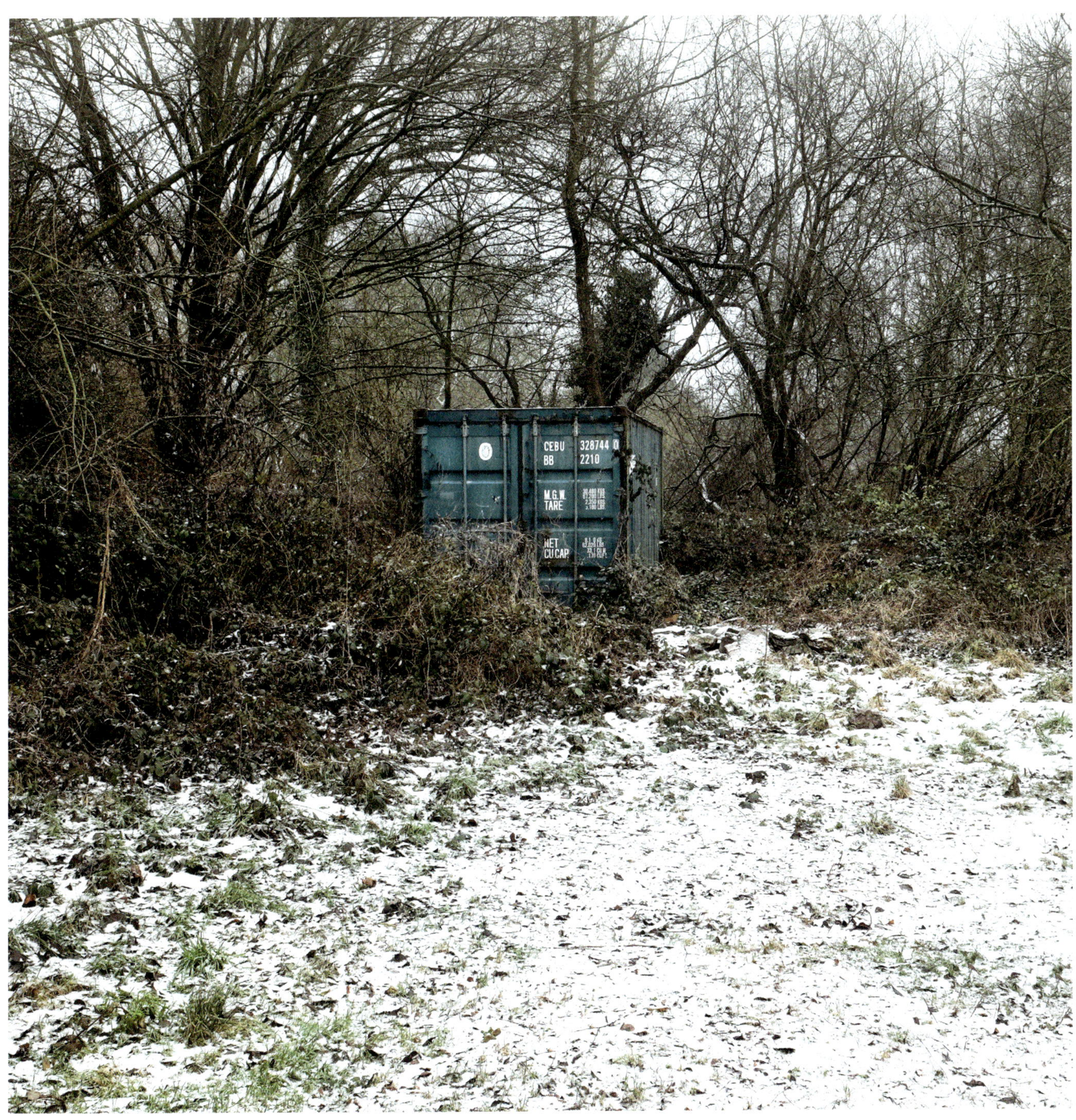
CEBU 328744 0
BB 2210
M.G.W.
TARE
NET
CU.CAP.

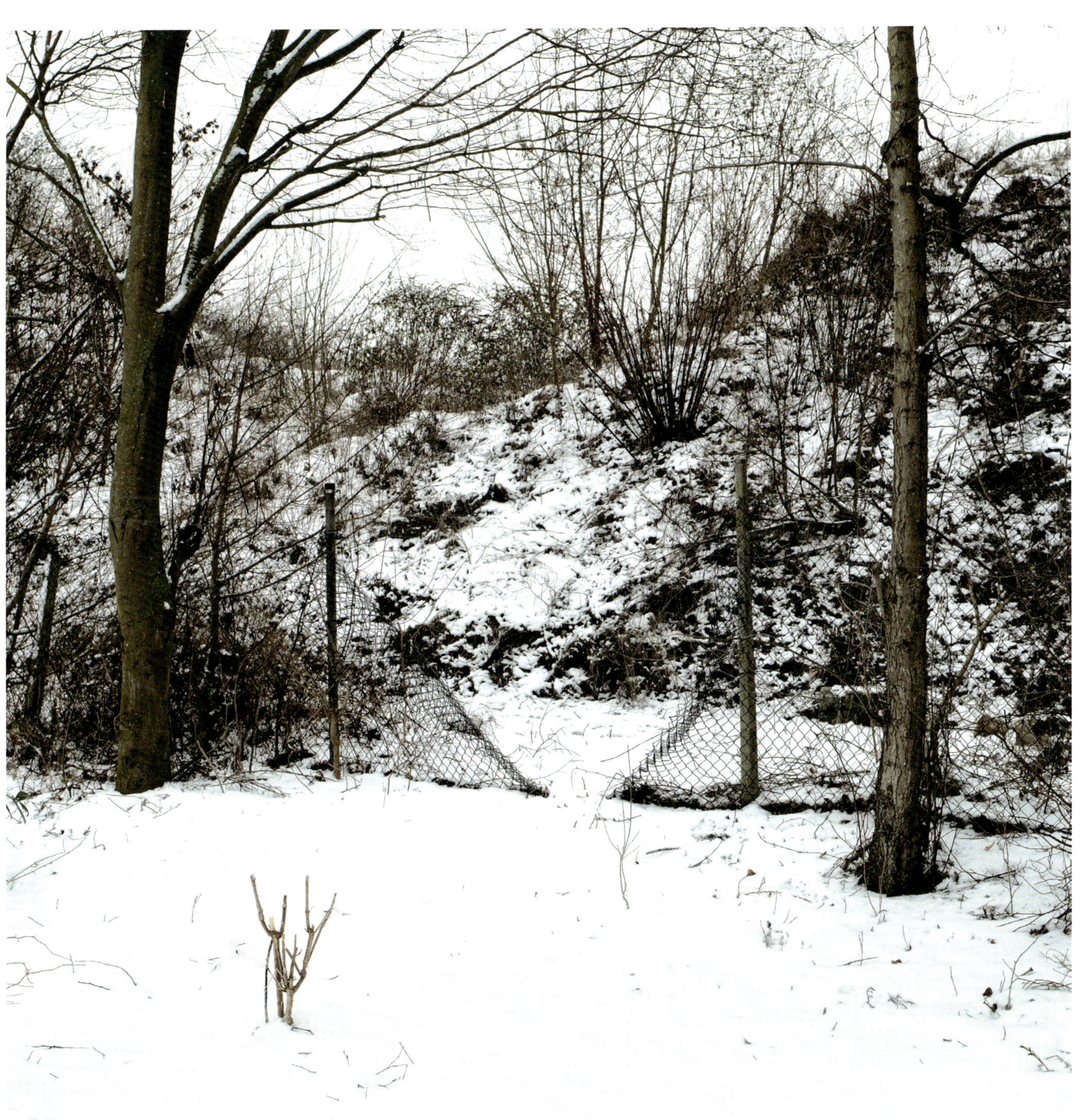

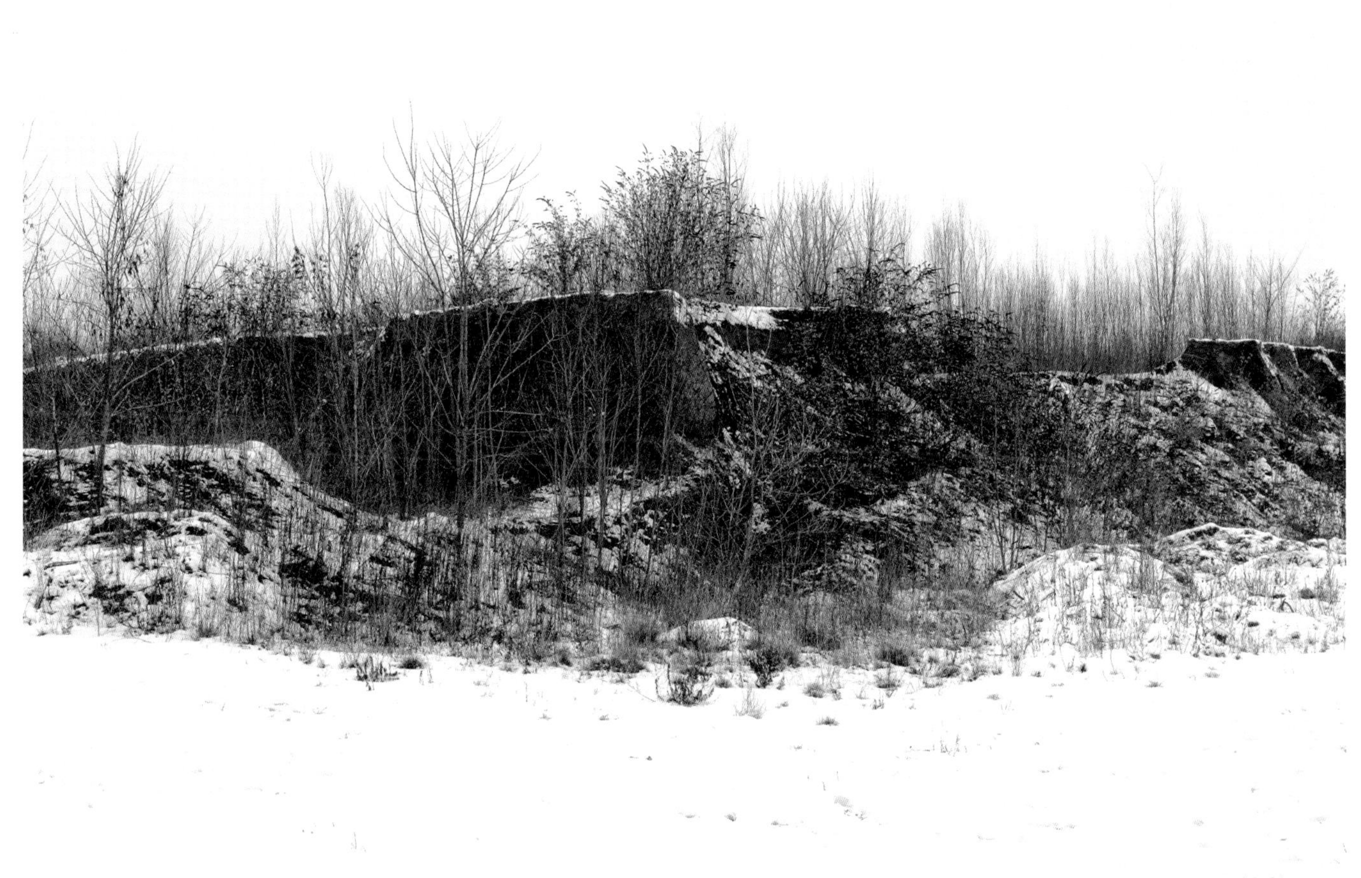

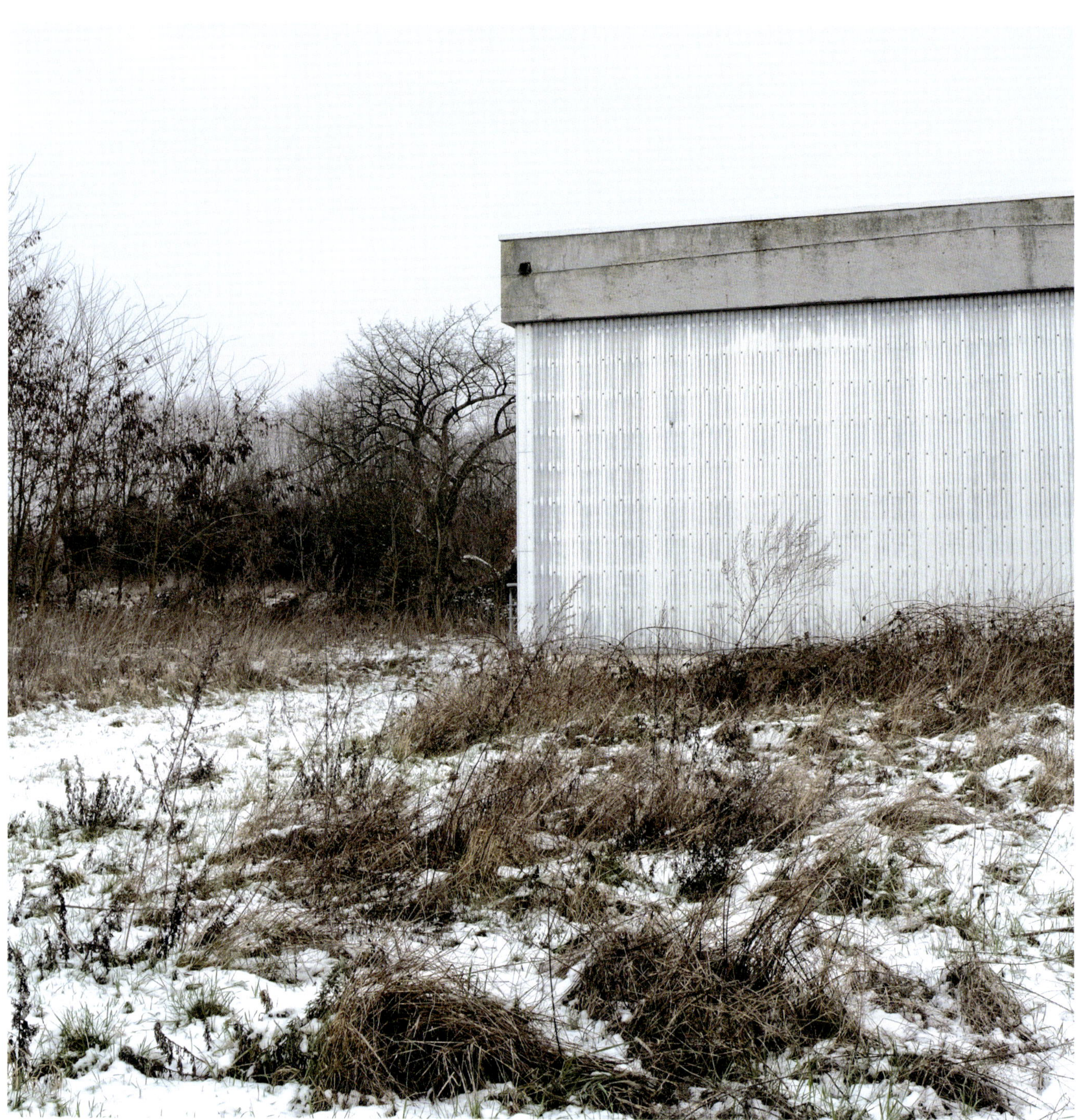

FR

Nous sommes les Invisibles. Le monde n'avait pas de place pour nous alors nous nous sommes glissés dans ses failles. Nous avons lentement regardé tous les visages autour de nous. Et nous avons décidé que nous ne serions plus.

Nous avons laissé tant de choses derrière nous, conscients du risque de les regretter. Nous en avons refusé d'autres, conscients du même risque. Nous avons verrouillé des portes, et nous en avons ouvert d'autres. Moi, sultan d'une tour d'ivoire, j'ai rejoint les herbes rouges. D'autres ont quitté des tours de verre ou de béton. D'autres encore ont détruit des tours qui étaient logées dans leur tête. Et ceux-là ont été les plus courageux.

Avant, il y a longtemps, avant que nous ne prenions conscience de notre véritable destin, nous avons fui, nous avons couru. Nous nous savions poursuivis. Et nous envisagions, si nous étions pris, que le châtiment serait perpétuel. Mais pourtant, cette course, nous savions qu'elle nous menait quelque part. Nous ne savions pas où, nous ne faisions que fuir. Mais nous savions que courir était notre salut. Nous n'avons jamais douté. Et notre persévérance a été entendue. Nous avons créé ceux qui ont pu l'entendre. Nous avons créé l'interstice, par lequel nous dévalons aujourd'hui en bande, pour admirer le monde.

Nous étions des êtres mixtes. Un pied dans le monde connu, et un pied dans cet autre monde, dont nous avions l'intuition mais qu'il fallait encore inventer.

Peu à peu, au fil des années, nous nous sommes reconnus. Nous étions attentifs aux signes. Une parole, un geste, un regard suffisaient parfois, et, en silence, nous nous reconnaissions. Nous avons pris conscience que nous formions une communauté, qu'il fallait tisser, cartographier, puis réunir. Nous avons fonctionné par groupes, car tous nous connaître était impossible. Nous étions si nombreux. Nous avons réalisé que nous transcendions les frontières, et les grilles de classification des populations, nous étions transversaux.

Nous étions ceux de la marge, et nous voulions être *entre*. Nous voulions nous fondre dans l'intervalle que nous entrevoyions, entre ceux qui occupaient le monde avec tant d'aisance. La première place, le devant de la scène, comme il était alors d'usage de dire, n'était pas notre but. Nous n'avons fantasmé aucun trône, conscients que vaincre, c'était écraser.

Nous étions ceux qui ne jouaient pas le jeu. Nous voulions en créer un nouveau, sans règles pour nous entraver.

Nous ne savons pas encore, aujourd'hui, si nous avons réussi. Mais nous avons tenté.

Nous avons longtemps erré, parfois nous avons tourné en rond, à la recherche de nos zones de transition. Nous guettions des indices, des motifs, mais, véritablement, nous avons rencontré des évidences.

Nous sommes alors revenus mille fois sur les mêmes lieux, nous demandant, éblouis, si nous ne rêvions pas. Risquant chaque fois d'être déçus, il fallait être bien sûrs que nous ne nous trompions pas. Et personne ne pouvait expliquer la certitude que nous ressentions. Les mots ne suffisaient plus, ils n'avaient plus de sens. Nous commencions déjà à abandonner le langage.

Alors, dans ces lieux, dont les lignes nous parlaient une autre langue, nous avons attendu le bon moment, inquiets, peut-être, qu'il ne se révèle jamais. Nous ne savions pas quel signe nous dirait que nous étions prêts. Nous n'étions jamais sûr de le savoir.

Et puis il y a eu ce jour, où nous avons entrevu la faille, et nous y avons plongé. D'autres, non initiés, moins attentifs, ne l'auraient pas reconnue. C'était une sensation, un degré d'humidité dans l'air, la vibration d'un arbre, l'inclinaison d'un nuage. Tous ces signes en même temps, qui n'ont pas dû être les mêmes partout, mais qui tous ensemble nous ont donné le signal. Nous n'avions que très peu de temps, avant que ne se rompe ce que nous avons pris pour un alignement. Nous ne devions pas hésiter, et je crois que nous ne l'avons pas fait.

Aujourd'hui je me dis que peut-être nous en avons laissé certains derrière nous. Nous ne nous sommes pas comptés. Peut-être que certains sont restés de l'autre côté, parce qu'il est possible qu'ils n'aient pas osé, au dernier moment. Pourtant, il y avait de la place pour tout le monde.

Quand je pense à ceux-là, à leur existence possible, je ressens une confusion. Comme si l'hypothèse de leur destin ouvrait, encore, une troisième voie, inconnue, menant là où ma pensée, ce qu'il en reste, perd pied.

Maintenant, c'est entre les brins d'herbe raidis par le givre que je reposerai, si les autres, avec qui je suis venu, veulent bien continuer à s'écarter de moi. Toute ma vie, je n'ai voulu être qu'un souffle. Aujourd'hui, je ne m'enfuirai plus.

Enfin, il faut que l'air reste froid, que le soleil, s'il s'invente dans notre nouvelle ère, reste froid. Car notre sang, si nous avons encore du sang, doit devenir bleu, que nous prenions la couleur du ciel. Caméléons, nous naviguerons de l'azur au bleu nuit, suivant la course de la lune et du soleil. Et nous serons là.

Noëmie Nicolas

NL

Wij zijn de Onzichtbaren. Voor ons was er geen plaats in deze wereld, dus hebben we ons verscholen in haar breuklijnen. Rustig hebben we de gezichten rondom ons bekeken. En we hebben beslist dat we er niet meer zouden zijn.

We hebben zoveel dingen achtergelaten, zelfs in het besef dat we ze zouden kunnen missen. Andere dingen hebben we afgewezen, al evenzeer beseffende dat we ze zouden kunnen missen. Sommige deuren hebben we vergrendeld, andere geopend. Ik, als sultan in mijn ivoren toren, heb het rode gras opgezocht, terwijl anderen uit hun glazen of betonnen torens zijn geklommen, en nog anderen de torens hebben gesloopt die in hun hoofd verrezen. Die laatsten waren de moedigsten.

Vroeger, in een ver verleden, voordat we ons van onze ware lotsbestemming bewust werden, vluchtten we, liepen we weg. We voelden ons achtervolgd. En we vreesden dat, wanneer we werden gevat, de bestraffing eindeloos lang zou duren. En toch vermoedden we dat deze vlucht ergens naartoe zou leiden. We wisten niet precies waarheen, want we konden enkel wegrennen, maar we wisten wél dat wegrennen onze enige redding was. Nooit hebben we getwijfeld. En onze volharding werd beloond. We hebben diegenen geschapen die het konden horen. We hebben de opening gevonden waaruit we thans met z'n allen tevoorschijn komen om de wereld te bewonderen.

We waren gemengde wezens, met één voet in de bekende wereld en één voet in deze andere wereld, een wereld waarvan we het bestaan aanvoelden maar die nog moest worden uitgevonden.

Beetje bij beetje hebben we elkaar in de loop der jaren herkend. We letten op de signalen. Soms waren een woord, een gebaar, een blik voldoende en herkenden we elkaar, in alle stilte. We beseften dat we een gemeenschap vormden, we beseften dat we banden moesten smeden, in kaart brengen, en dan verenigen. We functioneerden in groepen, want we konden elkaar onmogelijk allemaal kennen, zo talrijk waren we. We overstegen de grenzen, de classificatieschema's van de volkeren. We waren transversaal.

We waren randfiguren, terwijl we er net naar streefden *tussenin* te zijn. We wilden versmelten in de tussenruimte die we zagen, tussen diegenen die zich zo probleemloos in de wereld voortbewogen. Op de eerste plaats staan, voor het voetlicht staan, zoals men toen graag zei, dat hoefde voor ons niet. We hoefden geen troon, want we wisten dat overwinnen ook verpletteren betekende.

We behoorden tot diegenen die het spel niet meespeelden. We wilden iets nieuws scheppen, zonder beperkende regels.

We weten nog altijd niet of we daarin zijn geslaagd. Maar we hebben het tenminste geprobeerd.

Lange tijd hebben we rondgezworven, soms draaiden we rondjes, op zoek naar onze overgangszones. We keken uit naar aanwijzingen, motieven, maar uiteindelijk stuitten we op vanzelfsprekendheden.

Daarna zijn we duizenden keren teruggekeerd naar dezelfde plaatsen, ons verbaasd afvragend of we niet droomden. Telkens weer riskeerden we te worden ontgoocheld, dus we moesten heel sterk in onze schoenen staan. En niemand had een verklaring voor de zelfzekerheid die we voelden. Woorden volstonden niet langer, ze waren betekenisloos geworden. We begonnen de taal al op te geven.

En dan, op die plaatsen waarvan de lijnen ons in een andere taal toespraken, wachtten we het juiste moment af, vrezend, misschien, dat dat moment er nooit zou komen. We wisten niet welk teken ons zou laten weten dat we er klaar voor waren. We waren nooit zeker dat we het zouden weten.

En dan opeens zagen we de breuklijn, en we sprongen erin. Anderen, oningewijd, minder aandachtig, hadden ze wellicht niet herkend. Het was veeleer een gewaarwording, een zweem van vochtigheid in de lucht, de trilling van een boom, de curve van een wolk. Samen hebben al deze tekenen, die misschien niet overal identiek waren, ons het signaal gegeven. We beschikten over bitter weinig tijd, want de lijn die we meenden te zien kon snel worden gebroken. We mochten niet aarzelen, en dat hebben we niet gedaan.

Soms vraag ik me af of we sommigen van ons niet aan hun lot hebben overgelaten. We hielden geen telling. Misschien zijn enkelen aan de overkant gebleven omdat ze op het allerlaatste moment niet durfden... Toch was er plaats voor iedereen.

Wanneer ik aan hen denk, aan het bestaan dat ze nu wellicht leiden, voel ik me verward. Alsof hun hypothetische lot een derde weg heeft geopend, een weg die leidt naar de plek waar mijn denken, of wat ervan overblijft, zijn houvast verliest.

Thans wil ik verpozen in het met ijskristallen bedekte gras, tenminste als de anderen met wie ik naar hier ben gekomen zo goed willen zijn afstand te houden. Mijn hele leven heb ik slechts een zucht willen zijn. Vandaag zal ik niet meer vluchten.

Uiteindelijk moet de lucht koud blijven, uiteindelijk moet de zon, zich aanpassend aan deze nieuwe tijd, koud blijven. Want ons bloed – voor zover we nog bloed hebben – moet blauw worden. We moeten de kleur van de hemel aannemen. Als kameleons zullen we verkleuren, van azuurblauw naar donkerblauw, volgens de stand van de maan en de zon. En we zullen er zijn.

Noëmie Nicolas

EN

We are the Invisible Ones. The world didn't have any room for us, so we slipped into the cracks. We slowly looked at all the faces round us. And we decided that we would no longer be.

We left so many things behind us, aware of the risk that we would come to regret them. We refused other things, aware of the same risk. We locked some doors, and we opened other doors. I, sultan of the ivory tower, I joined the red herbs. Others left towers of glass or concrete. Others still destroyed towers that were embedded in their heads. And they were the bravest ones.

A long time ago, before we became conscious of our true destiny, we fled, we ran away. We knew we were being chased. And if we were caught, we considered that the punishment might be a perpetual one. And yet this chase was leading us somewhere, we knew it. We didn't know where, all we did was flee. But we knew that running was our salvation. We never had any doubt. And our perseverance was heard. We created those who were able to hear it. We created the interstice, through which we are now hurtling down, as a group, to admire the world.

We were mixed beings. One foot in the known world, and one foot in that other world, of which we had the intuition, but which we still had to invent.

Little by little, over the years, we came to recognise one another. We were attentive to signs. A word, a gesture, a gaze were enough sometimes, and in silence we would recognise one another. We became aware that we were a community, which we had to weave, map, then unite. We operated as a number of groups, as it was impossible to know everyone. There were so many of us. We realised that we transcended borders and classification grids: we were transversal.

We were the people of the margin, and we wanted to be *between*. We wanted to melt into the opening which we could just make out, between those who occupied the world with such ease. The top spot, centre stage, as people tended to put it, was not our aim. We did not fantasise over any throne, conscious as we were that to vanquish was to crush.

We were the ones who didn't play by the rules. We wanted to create a new game, without rules to hamper us.

We don't know yet, even today, if we have succeeded. But we did try.

For a long time we wandered about, sometimes we were going round in circles, looking for our transition zones. We were watching out for signs, for motifs, but actually we did find evident facts.

We then came back a thousand times to the same places, wondering, in awe, if we were not dreaming. In danger of being disappointed each time, we had to be sure that we were not erring. And no one could explain the certainty we felt. Words were no longer up to the task, there was no meaning left in them. We were already starting to jettison language.

So in those places the lines of which spoke another language to us, we waited for the right moment, worried perhaps that it might never reveal itself. We didn't know what sign would tell us that we were ready. We were never sure that we knew it.

And then there was that day when we had a glimpse of the crack, and we plunged into it. Others, uninitiated, less attentive, would not have recognised it. It was a sensation, a certain dampness in the air, the vibration of a tree, the inclination of a cloud. All those signs at the same time, which cannot have been the same ones everywhere, but together they gave us the signal. We had very little time before what we had taken for an alignment broke up. We could not afford to hesitate, and we didn't.

Today I tell myself that we may have left a few behind. We didn't count. Maybe some of us stayed on the other side, as it is possible that they didn't dare, at the last moment. And yet there was room for everyone.

When I think of them, of the possibility of their existence, I feel a certain confusion. As though the hypothesis of their destiny opened another, unknown, third way, leading where my thinking, what is left of it, gets out of its depth.

Now I will rest among the blades of grass hardened by frost, if the others with whom I arrived here will continue to move away from me. My whole life long I have only wished to be a breath. Today I will not run away.

In the end the air should remain cold, the sun, if it invents itself in our new era, should remain cold. For our blood, if, that, is we still have any blood left, shall become blue, so that we take up the colour of the sky. As chameleons we will navigate from sky blue to midnight blue, according to the course of the moon and the sun. And there we will be.

Noëmie Nicolas

Alexis Gicart

1976 Naissance à Bruxelles. | *Geboorte in Brussel.* | Birth in Brussels.

1997-98 InRaCi, section cinématographie. | *InRaCi, afdeling film.* | InRaCi, film department.

2001 *Doel*, exposition personnelle au Cercle Sainte-Anne du Sablon à Bruxelles. Portrait du village exproprié et de ses derniers habitants. | Doel, *persoonlijke tentoonstelling in de Cercle Sainte-Anne du Sablon in Brussel. Portret van het onteigende dorp en zijn laatste inwoners.* | *Doel*, solo exhibition at the Cercle Sainte-Anne in the Sablon area in Brussels. Portrait of the expropriated village and of its last inhabitants.

2003 *Errer humanum est*, exposition collective à la Maison du Peuple de Saint-Gilles. Série documentaire autour d'une personne vivant dans la rue. | Errer humanum est, *groepstentoonstelling in het Volkshuis in Sint-Gillis. Documentaireserie rond een persoon die op straat leeft.* | *Errer humanum est*, group exhibition at the Saint-Gilles Maison du Peuple. Documentary series about a person living on the street.

2003-05 Assistant en photo publicitaire au studio d'Alberto Veïga. | *Assistent reclamefotografie aan de studio van Alberto Veïga.* | Advertising photography assistant in Alberto Veïga's studio.

2004 Création de l'identité visuelle du premier album de Pascal Schumacher, *Change Of The Moon.* | *Hoesontwerp voor het eerste album van Pascal Schumacher,* Change Of The Moon. | Creation of the visual identity of Pascal Schumacher's debut album, *Change Of The Moon.*

2007 Création de l'identité visuelle du premier album de Mélanie De Biasio, *A Stomach Is Burning.* | *Hoesontwerp voor het eerste album van Mélanie De Biasio,* A Stomach Is Burning. | Creation of the visual identity of Mélanie De Biasio's debut album, *A Stomach Is Burning.*

2016 *Résonance*, exposition personnelle à The German Housing & Real Estate, Bruxelles. Rétrospective et inédits. | Résonance, *persoonlijke tentoonstelling in The German Housing & Real Estate, Brussel. Retrospectieve en onuitgegeven werk.* | *Résonance*, solo exhibition at the German Housing & Real Estate, Brussels. Retrospective and previously unreleased work.

2017-18 Série de portraits d'artistes belges pour Charlie Magazine, dont Dirk Brossé, Sidi Larbi Cherkaoui et Alain Platel. | *Reeks portretten van Belgische kunstenaars voor Charlie Magazine, onder wie Dirk Brossé, Sidi Larbi Cherkaoui en Alain Platel.* | Series of portraits of Belgian artists for Charlie Magazine, among them Dirk Brossé, Sidi Larbi Chaerkaoui and Alain Platel.

2018 *You Are Here*, exposition collective à la Brussels Biennale of Modern Architecture. | You Are Here, *groepstentoonstelling op de Brussels Biennale of Modern Architecture.* | *You Are Here*, group exhibition at the Brussels Biennale of Modern Architecture.
Réalisation de photographies documentaires sur le processus de revitalisation du World Trade Center de Bruxelles pour le bureau d'architecture 51n4e. | *Productie van documentaire foto's over het renovatieproces van het Brusselse World Trade Center voor architectenbureau 51n4e.* | Production of documentary photographs on the regeneration process of the Brussels World Trade Center, for the architectural office 51n4e.

2019 Parution de | *Publicatie van* | Publication of *Hinterland.*
Membre du jury de fin d'études en photographie à la Haute École Libre de Bruxelles. | *Lid van de eindexamencommissie fotografie aan de Haute École Libre de Bruxelles.* | Member of the jury for the degree in photography at the Brussels Haute École Libre (Free College of Higher Education).

Remerciements | ***Dankbetuigingen*** | **Acknowledgements**
David De Beyter, Christine De Naeyer, Ben De Witte, Julianna Hogan, Collin Hotermans, Noëmie Nicolas, An Rommel & Philippe Wauters.

Direction éditoriale – Coordination | ***Editoriale Leiding – Coördinatie*** |
Editorial Direction – Coordination
Christine De Naeyer

Traduction | ***Vertaling*** | **Translation**
Philippe Hunt (EN),
Erik Tack (NL)

Mise en page | ***Grafische Vormgeving*** | **Graphic Design**
Collin Hotermans

Relecture | ***Herlezing*** | **Proofreading**
Claire Cagnat
Thomas Keukens

© **Photographies** | ***Foto's*** | **Photographs**
Alexis Gicart

© **Texte** | ***Tekst*** | **Text**
Noëmie Nicolas

Impression | ***Druk*** | **Printing**
Graphius Brussels

Ce livre fait partie de la collection *l'impatient* de CFC-Éditions, éditée avec le soutien de la Commission communautaire française, Bruxelles. | *Dit boek maakt deel van de collectie* l'impatient *van CFC-Éditions, uitgegeven met de steun van de Commission communautaire française, Brussel.* | This book is part of the collection *l'impatient* of CFC-Éditions, published with the support of the Commission communautaire française, Brussels.

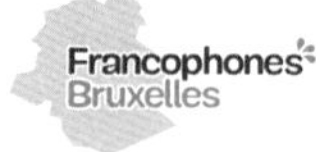

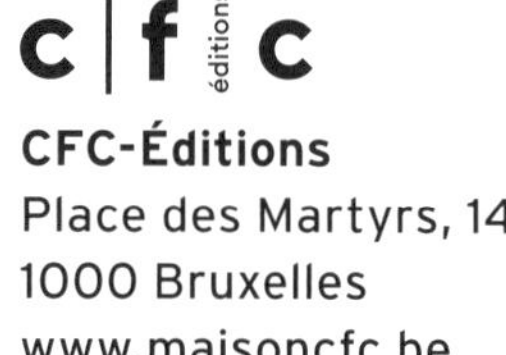

CFC-Éditions
Place des Martyrs, 14
1000 Bruxelles
www.maisoncfc.be

ISBN: 978-2-87572-044-3
Dépôt légal | *Wettelijk Depot* | Copyright Registration
D/2019/5165/5